禅
空を生きる

アジャシャンティ 著
鈴木純子 訳

太陽出版

禅　空《くう》を生きる

私に笑い方を教えてくれた
両親のラリーとキャロル・グレイに
心からの感謝と愛を込めて

謝辞

この本の制作にご尽力くださった次の方々へ、心から感謝を捧げます。

編集：ボニー・グリーンウェル、マージョリー・ベア、プリマ・マジャ・ロード。**校正**：バーバラ・ベンジャミン、ドゥワイト・ラッキー、タラ・ラッキー、プリヤ・アイリーン・ベーカー、アリスン・ゴウズ、ゲイル・ガラニス、エド・ウエスト、バーバラ・グリン、ギャリー・マイヤーズ。**編集補佐**：ドロシー・ハント、ステファン・ボーディアン、エリック・シュナイダー、グレイ・ウルフ、ジェニー・ステッツ、シャノン・ディクソン、ジェリリン・マンニョン。**録音**：ラリー・ゲリー、ピーター・スカースデイル、ナンシー・ロウ、チャーリー・マーフィ。**筆記**：ハンサ・ヒルカー、ロザンナ・サン、カマラ・カドレー、マーナ・カバレロ、ドロシー・ハント、バレリー・シェア、ピーター・ハンバー、マイケル・カウンター、アニー・グレイ。**ボランティア統括**：プララヤ。**法律相談**：ゲリー・ウルフ。**グラフィックとデザインの寄贈**：スーザン・カーツ、ダイアン・ケイ、リタ・ボタリ、ウィル・ノーラン、プレマ・マージャ・ロード。

そして本書の講話が録音されたイベントに参加してくださったすべての皆さんとボランティアとして協力してくださった方々へ、とりわけ感謝を贈ります。

本書について

愛は何の思惑もなく動く。
それはただ動く。なぜならそれが愛の本質だから。

スピリチュアルな教師であるアジャシャンティのこの言葉は、毎週行われる集会や週末の集中セミナー、サイレント・リトリート(*1)などでの彼の生徒との接し方の本質を表しています。本書の内容はそれら注目に値する講話の中から抜粋されまとめられたものです。というのも、それらの話は首尾一貫して生徒にとって非常に重要な意味深いことを伝えているからです。「ここで私が行い、皆さんにもたらす一番のものは、本当のあなたを直接的に体験していただくことです」。アジャシャンティは言います。「自分のことを知らずに悟りについて知ることはできません」。彼は独自の方法で真理と自由について伝え、生徒たちが自らの本質を発見して気づくことができるよう指針を与えています。

アジャシャンティについて

アジャシャンティは一九六二年にカリフォルニア州サンフランシスコの海岸地帯にある小さな田舎町クパティーノに生まれ、ステファン・グレイという名前を授けられました。二人の姉と四人の祖父母、親戚など、にぎやかで風変わりな大家族に囲まれた幼少時代を楽しんだことは、彼の今までの講話内容からも明らかです。彼といとこが家を訪れると、祖父の一人はネイティブアメリカンの恩寵のダンスを披露してくれたそうです。十代の彼は自転車レースを愛する少年でした。十九歳のときに、ある本の中の「悟り」という言葉に出会い、究極の真理を知りたいという猛烈な渇望にとらわれました。そして、前角老師の弟子にあたるアルビス・ジャスティと鈴木老師の弟子のクォン老師という二人の師の指導のもとで修業を積みました。

アジャシャンティは禅の修行を十五年近くも続けた後、自暴自棄になっていた頃に、とうとう自らの本質について一連の目覚めを体験し、個としてのアイデンティティへの執着を手放しました。一九九六年に彼は師のアルビス・ジャスティにより「ダルマ」を教えるよう求められました。少人数の集いとしてスタートした集会は、数年のうちに数百人の生徒との週一度の「ダルマ講話」に発展しました。「ダルマ」とは究極の真理、すなわちすべての物理的、心的事象の根底に横たわる本質であり、全存在の真に霊的な運命を表す仏教用語でもあります。そして「ダルマ講話」とははるかに祖をブッダに遡《さかのぼ》る教師の一系統として知られる、真理と明確な悟りを生きる人々によって授けられる教えを表しています。

短く刈り込まれた髪のスリムで優雅な男性、アジャ（彼は生徒たちにそう呼ばれています）は、温かいたたずまいと親しみやすさと明晰さという人並外れた魅力を備えています。生徒たちは彼の澄んだ明るいブルーの大きな瞳の凝視によってマインドが武装解除され、ハートが貫かれるのを感じます。アジャの教えのスタイルは禅の難解な表現から離れたものでハートに真っすぐ届いてくるのです。そこには普遍的真理への示唆が豊富に詰まっています。彼の教えという啓示を通して、そしてサットサン(＊2)とリトリート(＊3)に浸透している波動的伝達を通して多くの人が目覚めを体験しています。

卓越した教師

「サットサン」の中でも知られるアジャのダルマの教えは、中国の初期の禅師たちのスタイルとも、インド哲学のアドヴァイタ・ヴェーダーンタ（不二一元論）の指導者たちのスタイルとも比較されます。彼の教えは、今は亡き聖人ニサルガダッタ・マハラジやその他の西洋や東洋の伝統の中の目覚めた指導者たちの教えにも非常に通じるものがあります。彼のリトリートは静かな瞑想とダルマ講話、生徒との対話で構成されています。彼の目覚めへのアプローチとは霊性の鍛錬を発展させるものではなく、個としてのアイデンティティの武装解除や構えを解くことが中心となっています。

他の多くの生徒たちと同様に、私はアジャシャンティの存在によって強烈な目覚めを体験し、それによって彼を自分の師と認識しました。ちなみに、私たちが出会う何年も前に、私は先生を探し求めるのをあきらめていましたが、彼と出会ったことで教師やガイドがいかにして混乱したマインドに出口を指し示し、存在の背後にある愛と光り輝く「空《くう》」へとハートを開くよう導くことができるかということを発見しました。

その体験は非常にたぐい稀な言葉にならない深遠なるものであり、スピリチュアルな探究へのあくなき欲求を根こそぎにし、非情にシンプルかつ静かな、開かれた内なる場所へと人々を置き去りにします。私は東洋の伝統的な教えの熱心な生徒であり、精神的・霊的な成長のさなかにいる人々を導くセラピストでもあります。しかし私は、彼という私の共鳴者である師に出会うまでは、これほどまでに卓越した師弟関係のパワーをはっきりと体験したことはありませんでした。

アジャはスピリチュアリティに目覚めた人生のもつ無限の可能性とシンプルさの両方を表現しています。私にとって彼は「空《くう》」と自由を完全なまでに体現し、根源と自発性、ハートとユーモア、存在という形のある側面と形のない側面への深い理解というダイナミックな関係を見せてくれる存在です。

本書の教え

本書のアジャの教えは、サットサンの集まりや週末の集中コース、リトリートなど、一九九六年から二〇〇二年の間に彼が行った何百回ものダルマ講話の中から抜粋されたものです。彼が提供する指針や愛、波動的伝達が生徒たちに継続してもたらされるよう、そして彼に個人的には会ったことのない多くの人にも届けられるようにという思いから本書はまとめられました。

これらの内容が選ばれたのは、個人が悟りを開いた教師とともに目覚めや自由、具現化の本質を探究するときに生じる最初の問題とテーマがそこに含まれるからです。また、そこにはアジャシャンティ自身の目覚めの体験が綴られ、自己の本質に気づいた人に開かれる体験の世界、すなわち無垢、「開かれること《オープンネス》」、愛、無常、調和、平和、深み、自由といった性質が示されています。深い内なる静寂から生まれる真実を喜びとともに映し出す彼の言葉は、私たちのハートを共振させます。なぜなら、それらの言葉は本当の私たちを表現しているからです。それは真理に向けて語られた真理の言葉であり、根源にその神秘を指し示す根源の言葉なのです。

その共振には、私たちの思考や感情反応の嗜癖《しへき》的パターンを崩壊させ、エゴの催眠を解いて人生の根底にある実在の世界を私たちに一瞥させる力があります。そのような見方は私たちの世界を文字通りひっくり返し、マインドの幻想から私たちを自由にしてくれます。そうした解放は、生き生きして自由であるという、まったく新しい在り方を明らかにしますが、それはこの教師や生徒たちの表現や人生の中にも輝きとして示されています。

私たちはどんなに頑張っても誰一人として出来事を支配することはできません。日常の世界ではそれが苦痛や驚きをもたらす原因にもなりますが、スピリチュアルな世界においては私たちへの祝福になるでしょう。私たちが未知の世界にくつろぐことができるとき――それこそが瞬間瞬間に存在するという私たちの深い真実なのですが――自然に目覚めが起こるのを自分に許すことができます。アジャは繰り返し生徒たちに観念や概念をもたないようにと言っていますし、彼の言葉を信じるなと言っています。そしてどんな体験にも寄りかからないよう告げています。

スピリチュアルな教えはマインドを静め、知的な理解をもたらすことが可能です。しかし真の教師の言葉を通して目覚めが動くとき、その目覚めそのものがハートの炎を燃えあがらせて自己を知る方向へ、すなわち悟りへと意識を導きます。最終的に私たち一人一人は自分の内へと入っていき、真理との直接的なつながりを自分で見つけなければなりません。教師が提供することができるのは、その存在を通して内なる流れを刺激し、内面への旅の指針と道具を提供することです。しかし最終場面では、すべての概念や方向性を手放すことが求められます。あなたが道となり、その道が動いていくことで自らの本質が完全に解き明かされるでしょう。あなたが真実の自己に目覚めるのです。静寂の中に座るとき、何もせずにただ自然に目覚めが起こるのを許してください。真の教師とはそのことを十分に知っています。そして真実を生きることが苦しみに終焉をもたらすでしょう。

コミュニティとしての活動

仏教徒の伝統では「ブッダ（存在するすべて）」「ダルマ（生命の真理や宇宙の法）」「サンガ（スピリチュアルなコミュニティ）」が三つの拠《よりどころ》と呼ばれ、悟りへの変容のプロセスを促すものと言われています。教師は真実を体現して教えを提供することはできますが、コミュニティを供給することはできませんし、一年の間に数多く開かれる集会やリトリートを支えるためのすべての仕事をこなすこともできません。

活動の成長とともにアジャシャンティのまわりでサンガが発達していくにしたがって、多くの人は自分の中に自由への可能性を発見しています。そのサンガとの関係を「次にどこに向かうのだろうと思いながら列車の車掌室にいるようなもの」と彼は述べています。というのも彼は行き先やゴールを定めず、何の意図ももたないからです。コミュニティの中で起こることに対して「目覚め」またはスピリットが彼を通して応えるのに任せているのです。

多くの献身的な人々によって何百時間もの録音やテープの書き起こしが行われ、多数のニュースレターや本の発行、情報発信がなされてきました。また、イベントの開催や電話やメールの問い合わせに答える作業やその他の数えきれない仕事をこなす人々がいることで、非営利組織としての「オープン・ゲート・サンガ」の屋台骨が支えられています。

この本はこうした献身的な仕事を成し遂げた人々なくしては、決してこの世に出ることはできなかったでしょう。とりわけ録音やテープ起こしに携わってくださった多くの人や、原稿を何度も読み返して編集作業を手伝ってくださった人たち――多くの時間を費やして専門的な編集技術を提供してくれたマージョリー・ベアや、初期の編集上のガイダンスを提供してくれたドロシー・ハントとステファン・ボーディアン、そして「オープン・ゲート・サンガ」の創設スタッフとして四年間活動し、現在はアジャシャンティのテープや書籍、その他のメディアの出版を統括し、本書の個性的なデザインを手がけてくれたクリエイティブ・ディレクターのプレマー――に心からの感謝を捧げます。

また「オープン・ゲート・サンガ」のスタッフとして働いている魅力ある一人一人の皆さんへ、そして彼らを支えている何百人ものボランティアの皆さんへ、さらにアジャの妻であるアニーへ感謝を捧げます。あなた方がコミュニティの堅固で柔軟な土台を築き育んできたことで自然に目覚めと真実が世界へと広がることが可能になりました。そして皆さんがさまざまなご縁から私の人生に触れてくださったことに感謝しています。本書の編集の仕事を真実への奉仕として、この本の土壌が育まれてきたコミュニティの中で行うことができたことに何よりも幸せを感じています。この本は私たちという一つのコミュニティから自分個人への、そして目覚めた意識とハートをもつ、世界中のより大きなコミュニティへの私たちからの贈り物です。それは根源という無限の広がりの中で、すべての人々が自身で目覚めることができるよう捧げられた私たちの「空《くう》のダンス」なのです。

編集者　ボニー・グリーンウェル

［訳注］
＊1　サイレント・リトリート　参加者が各自座って自分の内へと入る瞑想などを中心とした静かなワークショップ。
＊2　サットサン　目覚めや悟りの体験を求めて人々が集まる場のこと。
＊3　リトリート　日常生活から離れて自分の内側とつながり、目覚めを体験するための何日かにわたるワークショップのようなもの。

はじめに

「ようこそ！」。そう、これはあなたへの言葉です！　今、この本を読んでいるあなたを歓迎しているのです。なぜなら、これはあなたのために書かれた本であり、あなたに関して書かれた本だからです。

今まで本当のあなたを言い当てた人は一人もいませんでしたし、あなたも本当の自分を人に見せたことがあったでしょうか？　外見や名前や性別、家族関係や性格やあなたの過去ゆえに人から軽んじられたり、より良い未来やより良い自己を望むひそかな願いを人から笑われたことはなかったでしょうか？　私は自信をもって請けあいます。それらのささいな事柄は、真実のあなたを言い当てることも明らかにすることもできません。それどころか本当のあなたに近づくことさえできないでしょう。

真実を告げましょう。あなたが鏡の中につくりあげたイメージ以上の、あるいはイメージ以下の自分がいるかもしれないと疑ったことはありませんか？　静寂のひとときを願い、自分や他の人々の外見というベールの奥にあるものを透かし見たいと思ったことはないでしょうか？
あなたは太陽よりも輝かしく、夜空よりも神秘的な存在です。うすうすそう感じていた人もいるかもしれませんが、あなたはその神秘的な本質に自らを完全にゆだねているでしょうか？

私はあなたという神秘的な実在を喜んで迎え入れます。この本はあなたのために、あなたについて書かれた本であり、あなたが目覚めて本当の自己を思い出すためのものです。ですから気になるところからどんどん読み進めてください。それぞれ章の内容は独立していますが、前の章の内容をさらに深めるよう意図されています。私は信じています。まさに必要な章やページにあなたが吸い寄せられ、あなたという無限の本質という神秘にあなたの目が見開かれてハートが開かれることを。

本書はスピリチュアルな「目覚め」の章から始まり、「忠実であること」の章で締めくくられています。さらに興味のある方には、次なる本が目覚めの後の人生に捧げられる予定です。しかし未来のことについてはこの前書きでさらりと触れるだけで十分でしょう。時は今です。そして私はこの本を通してあなたに歓迎の手を大きくさしのべています。

あなたが喜びを感じるならば、どうか本書を読み進めてみてください。ところで一言忠告させてください。スピリチュアルな目覚めとは、実は、あなたが想像するものとは違っているだろうということを。

二〇〇六年一月　サンノゼにて

アジャシャンティ

目次

1章 目覚め

AWAKENING

私の教えの目的は「目覚め」です。つまり私たちは「大いなるひとつ（One）」だという真実から分離した状態で夢を見ているあなたを目覚めさせることです。端的に言うと、私の教えは真実のあなたを認識させることに焦点をあてています。もちろん、そのときどきの人々の求めに応じて、教えの中に別の要素が混じってくることもあるでしょう。しかし根本的に私が興味をもっているのは、あなたを目覚めさせることなのです。

「覚醒」や「悟り」とは本当の自分に目覚めることであり、本当の自分でありつづけることです。悟り、その状態でいること、悟り、その状態でいること。ですから真実に気づくだけでは十分ではありません。悟りの完成とは悟りを体現することです。あなたが悟ったことを表現して行動することなのです。それはとても深遠なる事柄です。習慣的に教え込まれた考えや信条、夢を見ている意識状態からの行動パターンを引き受けるのをやめて、「真実の自己」というまったく新しい人生を生きることだからです。

真実を告げましょう。あなたはすでに、あなたが求めている存在そのものです。あなたは神の目で神を求めているのです。真実とはあまりにもシンプルかつ衝撃的です。そして革新的であるがゆえにタブー視され、探究の道の途中でたやすく見失われそうになるのです。私が今までに告げたことを聞いてあなたは同意するかもしれません。しかし私が聞きたいのは、あなたはあなたという存在のすべてでそれを理解したのかということです。あなたはそれを現実に生きているでしょうか?

私の話はあなたに目覚めへの揺さぶりをかけるためのもので、よりステキな夢を見せるためのものではありません。それにあなたはステキな夢を見る方法をすでに知っています。あなたの感情や意識状態によって、私の話が優しくソフトに感じられるときもあれば、さほどでもないと感じるときもあるでしょう。あなたは私と話をした後に気分が良くなるかもしれませんが、それは目覚めに付随して起こるちっぽけな事柄にすぎません。目覚めなさい!あなたは生きたブッダです。あなたは聖なる空っぽの器、すなわち「無限の空《くう》」なのです。それを私は知っています。なぜなら私はあなたであり、あなたは私だからです。あなたの頭の中のすべての概念やイメージを手放しましょう。それらは来ては去っていきますし、真のあなたから生まれたものでもありません。真理とは、今この瞬間を認識することです。それなのにあなたの中の空想にそれほどの注意を払う必要があるでしょうか？　日覚め、悟ることがゴールだとは考えないでください。探究の果てに目覚めがありますが、それはあなたという本質を生きるためのはじまりにすぎません。それは新たなる発見の旅のはじまりなのです。あなたの本質を体現し、「一体」すなわち「ワンネス」という真理を生きる人間としての人生のはじまりなのです。あなたがワンネスを体現できないはずはありません。なぜなら、あなたはすでにワンネスそのものだからです。残る質問はこうです。あなたはワンネスを意識的に表現していますか？　あなたはワンネスを体験し、本当の自分を思い出しましたか？　そして思い出したとしたら、あなたはそれを生きていますか？　あなたは本当に意識的にワンネスを生きていますか？

私の話のすべては目覚めと、その後の生き方についてです。私がどんなにおしゃべりをしようとも、私が真剣に話すのはこれら二つの事柄なのです。

○

数年前に最後の目覚めを体験する以前、私はとりつかれたように悟りを追い求めていました。禅の探究には少し変人にならなくてはなりません。私の師はよく言っていました。「変人だけが残る」と。あるとき私の変人具合が幸いする出来事が起こりました。日曜日の朝、いつも私は師のもとに集うグループで何時間か座禅をしていました。朝五時か五時半に早起きして、自分一人でしばらく座ってからそこに出掛けていくのが習慣になっていました。私は自分の家の小さな部屋に座り、寒さで凍えそうになりながら瞑想をしたものでした。

ある朝、そこに座っていると二つの出来事が立て続けに起こりました。それらは正反対の矛盾した出来事のように思われました。最初、すべてがひとつに見えるという自発的感覚に襲われたのです。中庭から小鳥のさえずりが聞こえ、私の内側にこんな思いが浮かんできました。「このさえずりを聞いているのは誰だろう?」。そのような疑問を私はそれまで一度ももったことはありませんでした。突然、私は自分が小鳥とそのさえずり、そして小鳥のさえずりを聞いている存在と同一であることを理解しました。つまり聞いている者、さえずりの声、そして小鳥は「ひとつのもの」の現れにすぎないと知ったのです。「ひとつのもの」とは、そう表現する以外に何と説明したらいいか分からないものでした。

目を開くと、同じことが部屋の中でも起こっていました。壁と、壁を見ている自分とが同じものに感じられたのです。とても奇妙な感覚でした。そしてそう感じている自分さえも「ひとつのもの」のもう一つの現れにすぎないと気づいたのです。私は立ちあがり、「ひとつのもの」の一部ではないものを探して家の中を歩いてみました。しかし、すべてはその「ひとつのもの」の投影にすぎませんでした。そしてすべては神々しく輝いていました。私はリビングへと向かいました。するとその途中で、私の意識が突然すべてを置き去りにしました。この世的な感覚、肉体の感覚、物理的な感覚のすべてが抜け落ちてしまったのです。

一歩踏み出すごとに、すべてが消えていきました。そして気が遠くなるほどの過去の生まれ変わりの記憶が次々と蘇ってきました。そのときの意識とはこんな感じです。「ああ、私は数多くの人生を通してさまざまな姿の自分と自己を同一視してきたんだ」。その瞬間、意識、そしてスピリットはそれらすべての過去世の記憶と溶けあっていたので、今世まで連綿と続く過去世の意識そのものだったのです。

そして突然、意識が過去世から離れ、独立して存在していました。その意識はもはや肉体、思考、人生、ひとつの思い、記憶などのどんな形によっても定義できないものでした。私は信じられない思いでそれを見ていました。まるで誰かに百万ドルをポケットに突っ込まれて、自分がそんな大金を持っていたとはとうてい信じられずに、お札をポケットから次々に取り出している状況にも似ています。だからといって自分が今見ているものを否定することもできませんでした。というのも「私」という言葉を使っていますが、実は「私」などどこにもなく、「ひとつなるもの」だけがあったのです。

こうした二つの体験が立て続けに前後して起こりました。最初、私はすべてのものとの一体感、すなわちワンネスを体験し、次に私はすべての自己認識から離れ、ワンネスからさえも離れて完全に目覚めた意識を体験しました。ワンネスが抜け落ちた状態にいても目覚めの状態は続いていたのですが、二つの異なった側面を有していました。つまりそれは「私はすべてであり、私は絶対的な無だ」ということです。それが目覚めであり、本当の自己を知る出来事でした。

次に私がとった行動は歩きはじめることでした。まるで赤ちゃんが最初の第一歩を踏み出して「ねえ、見た?」と大喜びしてまわりを見渡しているような感覚でした。「わあい!」と私はわくわくしながら一歩を踏み出しました。さらにまた一歩、また一歩と新鮮な気持ちで歩みを進めながら、私は円を描いてぐるぐると回っていました。歩くことが奇跡のように思われたのです。

一歩踏み出すごとに形のない意識とワンネスが融合しました。それまでずっと形として自己を認識していた意識が自己を認識しない状態で形の中に宿ったのです。それは過去の体験や記憶のどれにも照らし合わせられるものはなく、五感のすべてを通して起こった出来事でした。過去の歴史も記憶もない状態の中で、すべての歩みが最初の第一歩に感じられたのです。

そのとき十三年間禅の修行をしてきた私に、最高に面白い考えが浮かびました。「おや、僕は禅からも解脱したんだ！」。あなたが目覚めるとき、そこにあなたを連れてきてくれた「すべて」からの目覚めを体験するということにあなたは気づくでしょう。次に私は「おめでとう！　今日は僕の誕生日さ。僕はたった今、生まれたんだ」という奇妙なメモを妻に書き残しました。グループ瞑想をするために車で家から出ようとするとき、私は妻がそのメモを持ちながら手を振っている光景を目にしました。どうしてかは分かりませんが、彼女は私が言いたかったことを正確に理解したのです。

そのことについて私は三か月の間、師に何も話さずにいました。というのも、その必要を感じなかったのです。その体験を誰かに伝える必要も誰かに祝福してもらう必要があるとも思えませんでした。それ自体が完全に充実した出来事だったからです。私の体験が、私の師がずっと話しつづけてきた悟りの体験と一致すると気づいたのはそれからしばらく後のことでした。実のところ、今日までまだ続いているその目覚めの体験こそが、私のすべての話のもとになっています。

本当の自分を真剣に追い求めはじめるとき、私たちは叡智に開かれた状態になります。さまざまな思考や信念、自己認識をもっていたとしても、個人レベルでも集合レベルでもそれらが本当の自分を教えてはくれないことに気づくのです。私たちは神秘が自らを表現している存在です。自分自身を注意深く見てみましょう。私たち人間が自らの意識や感情、自分史といったものでどれほど自分を完全なまでに決めつけているかということに気づいたとき、あなたはびっくり仰天するはずです。スピリチュアルな修行の多くは、それが理想であるかのように「マインドを空っぽにする」ことを目標に、思考や感情や記憶を取り除こうとします。しかし、マインドを空っぽにすることは必ずしも賢明ではありません。その代わりに自分の思考を見ること、そして思考は単なる思いや信念、記憶の反映にすぎないと知ることがたいせつです。そのとき私たちは、自分のスピリットや意識を自らの思考や心理状態に縛りつけるのをやめることができます。

前述の第一歩とともに、私は自分の目や五感を通して見るものが、それまで慣れ親しんできた「条件付け《コンディショニング》」や記憶ではなく、目覚めた意識、あるいはスピリットだと気づきました。そしてそのとき同じスピリットがその他の周囲の二つの目を通して見ていることに気がつきました。その他の「条件付け」を通して見ているかどうかは問題ではありませんでした。まったく同じことだからです。それは私の目を通してだけではなく、木や岩や床などいたるところから自分自身を見ていたのです。

矛盾しているように聞こえますが、あなたのスピリットまたは意識が思考や概念や信念としてではなく目覚めた意識そのものとして自らを体験すればするほど、その目覚めた意識はあらゆるものやいたるところに反映されるでしょう。私たちが肉体やマインド、自己という意識を離れて目覚めるにしたがって、肉体もマインドもまさに同一のスピリット、同一の存在の現れにすぎないと知るのです。本当の自分とは、時間やこの世界やすべての出来事を完全に超えたものだと知れば知るほど、その同じ存在がこの世界そのものであり、すべての出来事であり、すべての存在であることを理解します。それは硬貨の両面のようなものなのです。

目覚めの最大の障壁とは、それが稀な体験であるという思い込みです。その障壁が崩れ落ちたとき、あるいは少なくともあなたが自分に向かって「目覚めは困難だという私の信念が真実かどうか正直言って分からない」とつぶやくとき、すべてが瞬時にしてあなたの手の内に取り戻されます。目覚めはすでにそこにあるものなので、私たちが言い張らない限りは稀な体験にも困難な体験にもなりえないのです。すべての根拠となるものは、理論ではなく体験です。私が誰からも教わることができなかったように、あなたも誰からも教わることはできないのです。

あなたが「条件付け」や習慣によって動かされていないとき、その人生を生きている「私」という感覚はもはや存在しなくなります。それが目覚めの長所です。大部分の人々は、この人生を生きている「私」という感覚に慣れ親しんでいますが、それが透けはじめたとき、この人生を本当に支配し動かしているのは愛であること、そしてその同じ愛がすべての存在の中につねに息づいていることを体験するのです。あなたの個人的なエゴを通して愛を発しようとするとき、愛は霧散するでしょう。しかし、それでも愛はそこにあります。誰も愛を独り占めすることはできません。すべての人々が本質的に愛の現れだからです。

気づいているかどうかにかかわらず、あなたは人生において「私」という感覚を一時的に忘れる瞬間を体験しています。美しい光景を見てそれは自然に起こることもあれば、エゴ的な自己を忘れることで起こることもあります。そうした瞬間を人々は軽視してとらえがちで、「すばらしい瞬間」を体験した後、馴染みのあるアイデンティティを再構築しているのです。ところで、そうした機会こそあなたが真実を体験することができる小さなのぞき穴です。その穴をのぞくと、あなたは真実に気づきます。突然のようにマインドは、あなたの物語《ストーリー》を考えることをやめるでしょう。あなたの分離した自己、あるいは「私」という感覚が機能しなくなったように感じても、あなたの真実は決して失われることはありません。そのとき「真実の私は誰だろう？　私という自己感覚がひと休みしても私自身がなくならないとしたら、私はいったい何者なのだろう？」「私という感覚が消えてなくなってしまうとしたら、私はいったい誰？」と自分にたずねてみましょう。

ふつうはその質問に反応してマインドが活性化されます。真の知性が「ちょっと待ちなさい。それは単なる意識の上塗りにすぎません」と口を挟むまで、あなたは思いをめぐらせはじめるでしょう。そのとき思考のはざまに静寂の亀裂が生まれます。その亀裂に存在するとき、あなたはお馴染みの自己感覚から行為することをやめるでしょう。あなたという自己感覚がその裂け目に飛び込んだとたんに、あなたは自分が存在しているという感覚を失うのです。自分が何者でもないという感覚はマインドを当惑させ、「誰でもない自分なんてありえない！」と言って、急いでその亀裂を埋めようとします。しかし、その裂け目を「誰か」で埋め尽くすのは意味のないことです。本当の自分を知りたければ、ただその亀裂を体験し、その広がりを体験し、内側で花を開かせるのです。それ以外に本当の自分を見つけだすための方法はありません。

そのときスピリチュアルな探究の道のりが真のものとなり、わくわくした冒険や楽しみが生まれるでしょう。「この広がり、この存在……これが私なのだろうか？」とあなたはつぶやくでしょう。そして思考や信念、信仰の産物ではない自分という感覚を体験しはじめるのです。あなたがその感覚と同化すると、あらゆる自己意識から自由なその目覚めの意識はマインドをひるませます。禅ではそれを「未生《みしょう》」と言います。それだけはあなたのマインドがつくりだしたものではないからです。

聖書の中には「らくだが針の穴を通り抜けるよりも、金持ちが天国に行くことのほうが難しい」というすばらしいたとえ話があります。あなたの自己意識にしがみつくことは、たとえそれが非常に霊的で聖なる自己意識だとしても、針の穴にラクダを無理やり通そうとするようなものだからです。それらの自己意識は真実と折りあいをつけるにはあまりにも粗野で巨大で、真実からかけ離れたでっちあげに近いのです。ところで、もっとも小さな針の穴を通り抜ける可能性のあるものが一つだけあります。「空《くう》」すなわちあなた自身のない状態こそが天国へと直結しています。誰一人として自己中心的な意識のほんのひとかけらも天国に持ち込むことはできません。

天国とは、私たちが無の状態を体験したときのものです。私たちが自分自身の純粋な意識に触れ、本当の自分とは姿形のない純粋なスピリットであると理解することです。姿形のないスピリットこそが実在であり、すべての生命に息吹を吹き込む存在だと知ることなのです。それがまさに天国です。なぜなら一歩踏み出すたびに、スピリットと実在が私たちの肉体を占拠するからです。それが生まれ変わることの真の意味なのです。再誕生とは、感情レベルでの宗教的な帰依体験とは違うものです。帰依体験とは心地よいものですが、あなたの衣服を変えているだけにすぎません。一方、再誕生とは、文字通り本当に改めて生まれることであり、新しい霊的な衣裳を受け取ることではありません。より正確に言うならば、「私の人生」と呼ばれるこの人生を実際に生きているのが「永遠の無」だと私たちが気づくとき、それはもともとあったという意味では、生まれる以前の状態とも言えるのです。

ところで、あなたが真実を理解してスピリチュアリティに目覚めたからといっても人生が終わりのないすばらしい繁栄へと向かうわけではありません。あらゆる理解を凌駕するものが平和ではないからです。人生が心地よく感じられるときは、平和を感じるのはたやすいことです。しかし大海の波のように、人生には起こるべきことが起きるでしょう。その波が高くても低くても人生は聖なるものです。あなたは誰でもない無の存在として在り、決して傷つけられることはありません。この気づきの中に理解を超えた静けさがあります。あなたの人生をより良くするために何かをする必要はなくなります。人生そのものが流れるようにあなたを運んでくれるからです。あなたは何事も気に病まなくなるのです。

○

生徒　目覚めを体験するためにエゴを手放すことについての質問です。それはオレンジの皮を一皮一皮剥がしていく体験のように感じられるのですが、いかがでしょうか？

アジャシャンティ　皮を剥いでいく体験とは、夜、夢の中であなたがセラピストに会いにいき、次第に気分が良くなってどこかに到達した気分になるのと似ています。ところが目覚めの体験とは、こんな感じです。あなたはソファに座って自分の物語を話していますが、あなたの人生はまだ混沌としてどこにも到達していません。そのとき突然、あなたはこれが夢で現実でないということに気づきます。あなたが自分の物語をつくりあげていることに気づくのです。それが目覚めです。前者と後者の体験は大きく違います。

生徒　私自身が目覚めの体験という物語をつくりあげているということですか?

アジャシャンティ　すべてをです。あなたの中の目覚めは夢を見ません。マインドだけが夢を見ます。それは自らのために物語を紡ぎ、そして自分が成長しているかどうかを知りたがるのです。あなたが目覚めの境地に至ったなら、こう理解するでしょう。「待てよ、これは夢だ。マインドは現実をつくり変えているんだ。だがそれは仮想現実であって真実ではない」と。マインドの産物である思考は「気づき」という物語を無数につくりあげることができます。しかし、それはほんのかすかな気づきさえもたらしません。思考が変えることができるのは唯一、肉体の反応だけなのです。あなたが悲しい話をすると肉体はそれに反応します。自分が強くなっていく物語を語ると、肉体は得意になって自信をもちはじめます。ところですべてがつくり話だと気づいたとき、そこにマインドや夢から離れたすばらしい目覚めが起こるでしょう。あなたが目覚めるのではありません。すでに永遠に目覚めている存在が自らに気づくのです。その永遠に目覚めている存在とは、まさにあなた自身なのです。

2章　サットサン

SATSANG

私たちがここに集うこと、すなわち「サットサン」の目的とは永遠不変の真理を知り、その真理とつながることです。それを理解することで、私たちは共通の意図をもってここに集うことができます。サットサンに訪れることで「私は誰だろう？」「私とは何だろう？」という自然な問いが生まれます。その問いかけの中には何の脚本も役割もなく、自分が誰であるかについての物語もありません。そして自分の人生について考える台本を手放しています。あらゆる自己意識の中には必ず脚色が入り込みます。それらの脚本とは「私は成功した男性または女性」「私は成功できない落伍者」「私の恋愛は決して実らない」「私は数多くのスピリチュアルな体験を経てきた求道者」といったものかもしれません。私たち一人一人に特別な役割があり、その役割に関する物語があります。しかし役割や物語は真実の私たちではありません。
サットサンの魅力とは、あなたを物語から目覚めさせるチャンスを提供してくれることです。真理に気づきはじめると、あなたは真理とは抽象的なものではないことを知ります。真理とはあなたから遠くにあるものでもなければ、明日学ぶよう先延ばしすべきものでもありません。あなたは知るでしょう。真理とは何の物語も脚本もないたった今の自分自身なのだと。

この集いの真の恩寵とは、明日ではなく
、、、、
たった今気づけることです。あなたという存在の真実に目覚めることは未来に得られるものではありません。それはあなたが準備して獲得するものではないのです。目覚めとは意識の革命的なシフトです。あなたは自分を自分だと思い、自分ではないと思うでしょう。あなたは永遠不滅の存在なのです。目覚めの時は今です。明日ではなく、今なのです。

「小さいエゴの私」は、なぜここにサットサンに来たかを自問自答し、次のように思うかもしれません。「これは私のための場所ではない。私は何かを得たいと思って来たけれど、ここには何もなかった」。誰にとっても自分が何の得にもならないところへ行ったりするというのは革命的な発想ですし、見返りを求めることは決して悪いことではありません。しかしサットサンにおいて私たちは、自分の幸福や自由とは何かを得ることとはまったく無関係だと知るでしょう。私たちが完全に武装解除し、この瞬間を体験することを自らに許せるかどうかにすべてがかかっています。それは「誰かになろう」とする戦略のすべてを手放すチャンスなのです。

この場所のすばらしい点とは、「小さい私」が武装解除するという体験を私たちが自らすすんで受け入れるようになることです。それ以外の場所ではほとんどの場合、鎧を脱ぐという感覚は押しやられ、隠され、話題に上ることも気づかれることもないでしょう。しかし、この場所ではたずねることができます。「私の物語や欲求や期待、脚本も何もない、この瞬間の私とはいったい誰なのだろう？」。そのときマインドが答えるとしたら、きっと「分からない」と言うでしょう。なぜならマインドは武装解除した自分を知らないでしょうし、演じるべき役割のない自分とはどんなものか想像さえできないからです。

「私」という役者がすべてを演じています。私たちのサットサンの最中でさえその役者は自分を主張しつづけます。マインドは「私はここにいる」と話しかけてくるでしょう。しかし、その声の背後にいるものを探そうとしても実体はなく、ただ「こだま」だけが響いています。「あなたは誰？」「私はここ」「あなたは誰？」とまるで空っぽの部屋に声だけがこだましているかのように。あなたがより難解なゲームを演じようとする役者の鎧を外すとき、さらなる解放が始まります。あなたは新たな物語を見はじめるかもしれませんが、本当に目を凝らして見るならば、そこに完全なる解放のためのチャンスがあります。なぜならあなたは、そこに役者も誰もいないことに気づくでしょうから。

この武装解除が起こるとき、あなたは「今」という瞬間の体験そのものを自分に許しています。それは「在る」という言葉にならない体験であり、あなたが自分のためだけに体験できるものです。そこには脚本や役割もなく、日常的な約束事も予定もなく、この瞬間への要求さえないことをあなたは理解するでしょう。そして役者も存在しません。本当のあなたとは「あなた」という概念に先立ってすでにあるものなのですから。

役割をもたないあなたとは、どこかに隠れていると考えられがちです。役割を手放して「私」と呼ばれる人物の背後をのぞき込みながら真の姿を探し求めるとき、どこかに本当の自分が隠れているに違いないと思うのでしょう。あなたが開かれた状態になったとき「ここには誰もいない。でも私はきっと大いなる自己を、真理を、覚醒した自己を探しつづけるだろう」と考えるかもしれません。しかし覚醒した自己を探し求めることはもう一つの役割や脚本にすぎません。それはスピリチュアルな探究者という脚本の一部にすぎないのです。では、その脚本さえ手放したあなたとはいったい誰なのでしょうか？

本当のあなたが誰かを探究するよう私が求める理由とは、あなたがたった今のこの瞬間もその答えを生きているからです。私が口にできるどんな言葉もその生き生きとした答えの代わりにはなりません。だからこそ自分が誰かを知らない人だけが目覚めた人だとはるか昔から言われてきたのです。目覚めていないすべての人は自分が誰かを知っています。そしてその答えがどんなものであっても、それは彼らがつくりあげた脚本にすぎません。たとえばそれが「私は目覚めていない」という脚本であったとしても。「目覚め」とは脚本のない世界です。脚本はただの脚本にすぎず、物語はただのつくり話にすぎないと知ることが目覚めなのです。

マインドは自分をぴったり表現する脚本を見つけることができずに「私には自分が誰かまったく見当がつかない」とつぶやくかもしれません。目覚めとはマインドが「お手あげだ。もう何も分からない」と降参した後に起こる意識の状態です。それを理解したとき、あなたが聞き手としての脚本を手放し、話し手としての脚本も手放すならば、そして一瞬でもその役割を忘れていられたなら、そのときあなたは、思っていた自分とは違う自分を発見するでしょう。サットサンに来て座ることは「私」という意識にとって革命的なことです。なぜなら「私」は自分に関する脚本や役割、認識を変えることでしか――たとえそれが「自己という意識ををもたない自分」という自己意識であったとしても――幸福を得ることはできないと考えているからです。それは「私」と呼ばれるボールを転がしつづけるためならばどんなことでもするのです。

私たちの精神世界の文化はとても巧妙で分かりにくいものになってしまいました。私たちは議論の中で用いるための難解な霊的概念を有しています。多くの人が「神と罪」という古くからの重苦しい概念をより軽やかな「意識《コンシャスネス》と条件付け《コンディショニング》」という概念に置き換えてしまったために、現代のスピリチュアルな人々はそれらの非常に抽象的な概念を抱えもっています。そして概念が抽象的になればなるほど、それは透明になっていきます。「意識」というイメージをつくりあげて祭壇にまつるのは困難であり、あなたの祭壇は空っぽなのです。あなたが真実を見たいのならば、そこには何もまつらないでください。何もまつらない祭壇こそが最高の祭壇なのです。

たとえ抽象的な概念であれ、あなたがその概念と自己を同一視したとたんに、あなたはとらえられマインドの武装解除が妨げられるでしょう。突然、目覚めの体験が訪れても、マインドがその生き生きとしたスピリットの目覚めに割り込んできて「これは目覚め、気づきまたは意識、あるいは自己」と言ってスタンプを貼りつけるのです。マインドは武装解除させまいとして、それを何とでも呼ぶでしょう。ですからもっとも神聖な概念でさえも、それが非常に軽やかに掲げられない限りは、概念に落し込めないこの「在る」という今に対抗しようとする巧妙な防衛手段になりうるのです。

「私という概念を手放した私とは？　この私ではない私とは誰なのだろう？」とたずねてみましょう。その瞬間に言葉のない世界、概念のない世界が開かれます。その体験を自分に許してあげましょう。なぜなら、それこそが問いに対する生き生きとした答えだからです。「私とは誰？」の答えは生命のない概念的なものではありません。それは生き生きとした生命を宿した答えなのです。それは生きているのです！「今」という輝かしい目覚めの中ではひとりでにひも解かれる神秘があります。その生き生きとした存在の在り方こそがあなたの過去と未来、そして現在を表すものなのです。あなたは人間ではなく、人間という衣裳をまとった存在なのです。

「これは本当に私なのだろうか？」という子どものように不思議に思う気持ちから真の探究が始まります。それについて考えるのではなく、その質問を通してもっともっと鎧を脱いでいくよう自分に許すことがたいせつです。未知なる世界に入ることを深く経験すればするほど、あなたの鎧は取り除かれます。マインドが未知の世界では何をしたらいいのか見当がつかないことにあなたは気づいたでしょうか？　その「未知」という感覚を招き入れてください。そして鎧を脱ぐことについてはあまり気に病まないでください。その中心には鮮烈な輝きを放つ目覚めの意識があることに気づきましょう。不思議なことに、その目覚めの意識を招き入れることを許すだけで、あなたは目覚めの意識として目をさますことができるのです。

そのとき目覚めの意識が人生と戯れはじめるのをあなたは発見するでしょう。それはあなたの「小さな私」――目覚めたときにあれこれ起こるはずだと考える――の予定表に沿っては動きません。目覚めの意識は、あなたの日常や予定をあまり気にかけないからです。ただそれは動いていて、あなたが望むことには耳を傾けませんが、あなたはそれをありがたく感じるはずです。目覚めの意識にはそれ自身の動きがあることを知るでしょうから。そしてその動きにつき従うことが真に「ゆだねる」ことです。それこそが「御心《みこころ》のままに」の本当の意味なのです。

鎧を脱いですべての概念や脚本を手放したときのことに思いを馳《は》せるとき、「私は望むものを手に入れられないかもしれない」とマインドは心配するかもしれません。望むものを手に入れられないならば、それこそあなたは最高にラッキーだと私は断言しましょう！　あなたは欲しいものを手に入れられないだけではありません。たとえ手に入れたとしても、どうでもよくなるはずです。私自身、自分が手に入れられるだろうと思い描いていたことで実際に手に入れたものを何一つ思い浮かべることができません。唯一、起こったことといえば、私がもう何も気にならなくなったということです。幸せになるためにはどうしてもこれが必要だと考えるのは悪夢のような世界とも言えるでしょう。

あなたという存在の不可思議さを招き入れるのがサットサンです。それはあなたという存在を押しのけて不可思議の意味を限定し、必要以上に神秘的にあなたを見せようとして真珠や花で飾りたてる、よくある「スピリチュアリティ」とは対照的なものです。サットサンとは自分という意識がぷつりと途切れ、神秘なるものが「ああ、これが私だ。今まで私は日常や役割を自分だと思い込んでいた。私は自分を役者であり役柄そのものだと勘違いしていた」という理解に至るまで自分自身を迎え入れることです。それらの思い込みはまったく真実ではありません。「私は人間である」という役割が終わることを私たちは「死」と呼びますが、肉体が死を迎える前にその役柄を手放して「今」にくつろがせてあげることのはうがはるかにたやすいのです。サットサンを通して、あなたは「あなた」という永遠の存在に目覚め、本当の人生を生きることができるのです。

3章 開かれること

OPENNESS

真理の探究を求めて共に集うサットサンにおいてたいせつなことの一つに「開かれたハート」でいることがあげられます。人によってはマインドを開くことのほうがたやすいでしょうし、ハートを開くことのほうが簡単に感じられる人もいるでしょう。そしてここに集う本当の目的とはハートとマインドの両方を開くことです。開かれているとき、あなたは自分の経験を脚色したり、自分自身をバリケードで囲ったりしません。あなたは自分を正当化する代わりに、自分が信じることを問いかけることによって神秘に対して開かれるのです。

自分を特別な概念や感覚でとらえようとしないというすばらしい贈り物を自分自身に与えるとき、開かれた状態はどんどん広がっていきます。やがてマインドの中の信念や特別な感覚と呼ばれる枠が取り払われ、あなたの自己意識は開かれた意識そのものになるでしょう。それらの枠とは思考や感情から自由になるためのものではなく、思考や感情の内側にあるものを感じさせまいとするものなのです。

「開かれること《オープンネス》」には特定な場はありません。それはあらゆる場所に、そしてすべての中にあまねく存在しています。それは思考であり思考ではなく、感情であり感情ではなく、音であり静寂でもあります。それは何者にも邪魔されません。何一つとしてあなたという本来の姿の邪魔をすることはできないのです。私たちは自分が誰か、または自分を誰と感じ、そう信じているかについての限られた自己認識や概念をもち自分を閉ざすときだけ、すなわち真に起きていことの対極に進もうとするときだけ邪魔されうるのです。しかし本来の自分の姿でいることで——それが開かれた状態なのですが——私たちが対極に向かうことは決してありえないと気づくでしょう。開かれた状態の中では何が起こってもまったく問題ないので、人生の出来事にごく自然に、すみやかに、賢明なやり方で対処できるからです。

サットサンとは思い出すことです。あなたは自分が開かれた存在だということを忘れて自分自身をこんな人だと思い込んでいるのです。人類は忘却についての終わりのない神話を紡いできましたが、そんなことはどうでもいいのです。サットサンの本質とは、自分自身を変えたり正そうとしたりせずに本当の自分を思い出すことです。真理とはただ思い出すものであり、自分の本質を知り、理解することなのです。

あなたは、ついさっきまで覚えていたことを忘れてしまったという経験はないでしょうか？　マインドは思い出そうと躍起になりますが、それがかえって逆効果になります。最後の助けとは、少しリラックスすることです。思い出そうとしていたことを忘れて力を抜いて深呼吸するのです。すると「そうだ、思い出した！」というように、答えはすぐにやってきます。「自己を知ること」とはそのようなもの、つまり今にいることなのです。リラックスすること、そして無理に知ろうとしないという姿勢からそれは可能になります。

あなたはたった今、開かれた状態を体験することができます。もっと自分を開く必要もなければ、より開かれる必要もありません。今ここにすでにある、あなたの開かれた状態にただ気づいてください。それは内にも外にもいたるところにあります。その体験をただ感じてみてください。「開かれた状態」という言葉さえ取り払って消してしまいましょう。あなたの体験は深まり、言葉のない世界が際限なく広がっていきます。その世界にただいてください。あなたはもう言葉によって混乱させられることはなく、言葉を信じることで体験を限定することもなくなるでしょう。ところが「開かれた状態」という言葉を押しつけられたとたんに、あなたの体験はある種の装飾を帯びて真実から離れていくでしょう。それは真実に非常に近い体験かもしれませんが、「開かれた状態」という概念をもつ以前のあなたの体験とはまったく同じではないのです。

この「手放す」という体験をさらに深めることができます。出来事を概念化して体験を限定しようとするマインドにとって、それは未知の世界へ落ちていくような感覚かもしれません。しかし、本当は自分自身として「在る」という体験をより深く知ることなのです。より深い体験の中で「自分は……だ」と考えていた制限された自己が、自分は「開かれたもの」ということを認識しはじめます。そして他の人にも同様のことを見はじめるでしょう。あなたが自分を解放して自由になるとき、解放されるのはあなた自身ではなく、あなたという「大いなる自己」です。そしてあなたは、すべての人の「大いなる自己」を覚えています。なぜならそれは同じものだからです。その認識に至ったとき、人とのかかわり方の完全なる変容が可能になるでしょう。

マインドを開いてハートを開いてください。自分を守るべき相手はいないことを知ってください。人との障壁から生じる感情的な隔たりや分離感、孤独感は必要ではありません。「自分を守らなければ」と感じるたった一つの理由とは、非常に無邪気な誤解から生まれています。その誤解とは、幼い頃にあなたが自分自身に関する概念を与えられたときに生まれました。そのときあなたは、その概念を守るべき壁を組み立てるための道具一式を手渡され、後にさまざまな状況が起こるたびに道具を加えていくことを学びました。「怒り」の服用が効果的に感じられるとそれを道具に追加し、「憤り」「羞恥心」「非難」「犠牲的精神」と次々に加えていきました。たとえば「善人」または「落ちこぼれ」など、どんな自己イメージにあなたが固執しようとも、そのイメージを守るために道具一式が使われたのです。

これは無知から生じる浅はかな行為です。あなたは自分でも気づかないままそれをしているのです。マインドと肉体の中の「私」という自己イメージは守るべきものという思い込みにあなたが気づくまでそれは続くでしょう。一つの自己イメージを手にしてしまうと、それ以外の自己イメージをもたないでいるわけにはいきません。なぜなら、それらはみな同じ箱の中に入っているからです。

あなたが防御をやめるとき、真実が訪れて自己イメージが払拭されます。壁がなくなるとあなたの真の姿という記憶が入り込み、良いものであれ悪いものであれすべての自己イメージは取り払われるでしょう。それゆえ自己イメージには壁が必要なのです。壁のない自己イメージもなければ、苦しみを伴わない自己イメージもありません。そしてあなたは自分自身に壁をつくっているだけでなく、他の人に対してもあなた自身の投影からくる壁をつくっています。そして人々のイメージをつくりあげ、その本来の姿を見ることを妨げているのです。

あなたが自分や人に対してつくりあげたイメージは本物ではないという見方をすすんですることで壁は取り払われるでしょう。知性の壁が開かれると、あなたのマインドが開かれます。感情の壁が開かれると、あなたのハートは開かれます。真理を知ることで制限された自己が取り除かれると、あなたの前に自己イメージを伴わない完全なる実在の世界が広がります。完全なる実在！　その何のイメージも伴わない開かれた世界は存在します。もう守る必要もありません。誰かが大声で叫んでも、その声が音となって空間を渡っていくでしょう。それだけのことです。その世界を愛するのもいいでしょう。それはステキなことですが、だからといってその世界には何も加えられませんし、その世界から何かを取り出すこともできません。

真理や悟り、目覚めに関する奇妙な点とは、それが隠れていないにもかかわらず見逃されてしまうことです。その世界は私たちがそれを受け取る瞬間を待ちわびながら身近なところにいます。それはまさにここにあるからこそ見つけるのが難しいのです。その「開かれた世界」はつねにここに存在しています。その世界と会話ができるとしたら、こんなふうに言うのかもしれません。「ピートのためにもこのイメージの世界がいつまで続いていくのだろうかと思うよ」。

何のイメージももたない自己を「目覚め」「悟り」「開かれた世界」など、あなたの記憶を呼び起こすどんな言葉で呼んだとしてもかまいませんが、それは静寂の世界です。ところで私の話を頭で信じ込まずに、心で受け取ってください。発見するのはあなた自身です。あなたがあなたのマスターであり、私はただのメッセンジャーにすぎないのですから。

あなたが「開かれたもの」ということを知れば知るほど、肉体は守るべきものなど何もないことを知るでしょう。そのときあなたは自らを開きはじめます。感覚レベルでは、それを筋肉や骨の中の振動として感じるでしょう。肉体の中のもっとも深い働きが開かれて、肉体は物理的な形をまとった「あなた」という「開かれたもの」の表現の場になります。そして「私」を守ろうとする代わりに真実を表現しはじめます。肉体は「開かれたもの」それ自体の延長になるのです。あなたの手や足の動きは「開かれたもの」の表現となり、物との接触は「開かれたもの」の拡張のように感じられるでしょう。あなたはまるで子どものように肉体の動きや感覚、世界に存在するすべてのものに魅せられるでしょう。子どもとの違いは、あなたの精神的・霊的な目覚めが深まり成熟した状態になると、あなたは子どもがもっていないもの、すなわち叡智を手に入れるという点です。成長とともに子どもは、目に入ってくるものとそれについて他者から与えられた情報を同一視します。それに対して成熟した肉体とマインドがその本質である「開かれたもの」の延長になるとき、あなたは何かに固執したり、無理やりはねのけたりすることなしに深い叡智を再発見するでしょう。そのときの行動も熱中の仕方も決して子どもじみたものではありません。それらは子どものように無邪気ですが完璧なまでに賢明なのです。「開かれたもの」は深い深い叡智を内包しています。あなたは自分自身を見失ったり、脅威を感じることなしに何かに魅了され興味を抱くことができるのです。

子どもの世界では身体がすべてです。まさしくそれが理想であり、そうあることが必要なのです。しかし無邪気で純真な聖人は、肉体を保持することを気に病んだりはしません。また肉体が保たれたとしても、肉体を手放すことへの怖れからではありません。魂の帰郷の中で真の自己をふたたび思い出すことで、実際にここにいて人生を怖れることなしに生きるという自由が得られるのです。

「開かれたもの」のもう一つの側面は「親密さ」です。真実への、そして美への一番の近道とは、内なる体験や外的な体験など決して望ましいとは言えない出来事も含めたすべての体験に対して完全に親密になることです。あなたが体験そのものに対して親密であるとき、分離したマインドはすべての投影を手放さなければなりません。親密さの中では、人は非常に開かれた存在となり無限の広がりを発見します。たとえ体験の質が喜ばしいものや美しいものでなかったとしても、あなたが体験そのものと親しい関係になったとき、「開かれたもの」が姿を現します。

その瞬間のすべての体験と親しい関係になると、あなたの感情体や肉体、五感や思考で起こっていることに対して、あなたの気づきが制限を受けることはありません。自らを認識し、感じ、思考するひとつの「全体」だけがあり、起こっていることすべてはひとりでに解決されるでしょう。全体が自らを認識するとき、それは「私」が体験するものとはまったく違うものになります。そのようにして手放すとき、江戸時代の禅師、盤珪《ばんけい》が言ったように「不生で一切事はととのう」のです。彼は「不生」という言葉を私たちが「真理」と呼ぶものと同じ意味で用いました。「全体」が自らを認識するとき、「不生」すなわち真理が完璧なまでに自らの世話をします。それは決して経験にしがみつきません。それは経験と調和して経験を楽しみます。そしてあなたが投影や日常の予定表を手放すとき、すべては「不生」つまり真理において完璧なまでに整えられることを知るでしょう。

自分のマインドの中に何らかの投影があると気づくときがあります。あなたはそこから脱け出し、それを理解しようとして、そのことを考えつづけますが、そんなときは自分に休みをあげて、しばらく考えるのをやめましょう。アインシュタインはそうしました。彼は問題について考えた後、それについて考えるのをやめました。というのも彼は、自分が合理的な思考のプロセスの限りを尽くして限界まで行ったと信じたからです。ここにトリックが潜んでいます。ほとんどの人は合理的な思考で行きづまりを感じると、九〇度ほど右か左に方向転換して行きづまったまま思考を続けます。水平的な思考を続け、さらなる事実や経験や記憶を引き出そうとしますが、それは時間の浪費にすぎません。合理的な思考で行きづまったときは考えるのをやめること。それが唯一の効果的な思考方法です。アインシュタインが思考のプロセスの後に何かを生み出したように、思考の停止によって、生み出される必要のあるものが生み出されるのです。そのとき、「不生」つまり真理がすべてを完璧に整えてくれるでしょう。なぜなら思考の停止とは、経験と親密になることだからです。

あなたの本当の姿である「開かれたもの」への一番の近道は考えることではなく感知することです。たとえば耳に届いてくる音だけでなくその瞬間全体を感じるなら、「私」という限られた空間を超えて開かれていくでしょう。肉体に何らかの感覚があるときは、それをただ感じることで開かれます。あなたは絶対的な静けさを感じるでしょう。鳥たちを感じ、音を感じるという体験を受け入れるでしょう。

五感はあなたという仮想現実のマインドを超えて、思考の創造物ではない真の世界への近道をつくってくれます。五感を開きはじめるときのすばらしさは驚きに値します。あなたの問題の九九パーセントは、あなたがすべてのことを一方的な見方の中に閉じ込めたことから生まれています。あなたが全体に対して開かれるとすべてはクリアになります。一方、あなたが苦しみだすとすぐに、あなたの五感が全体をとらえることをあきらめて、代わりに一つのことだけに意識を向けはじめます。それで苦しみがもたらされるのです。

この体験への狭い視野が「不生で一切事がととのう」ことを妨げているがゆえに多くの苦しみが生まれます。あなたの意識が開かれたとたんに「不生（真理）」がすべてうまくいくよう取り計らってくれるでしょう。たとえそれが決して大丈夫ではないように見えたとしても。そのときあなたは制限された見方を超え、それらすべての体験を知覚しているのはあなたではなく、「全体」が自らを知覚していることを知るでしょう。

4章　純真さ

INNOCENCE

深い目覚めを体験したとき、私の中に湧きあがってきた三つのものがあります。それは「叡智」と「純真さ」、そして「愛」です。それらは「全体なるもの」の一部であり、「全体なるもの」はそれら三つの本質によって表現されます。

目覚めることで「叡智」が開かれます。とはいえ、私が突然賢くなったわけではありません。私は「真理」を知ったのです。その「真理」とは私自身です。それは世界であり、「在る」ものです。つまり「叡智」とは自分を知り、唯一無二の本当の真実である「真理」を知ることなのです。「真理」とは哲学や科学、信仰や宗教的概念とはまったく無縁のものであり、それらをはるかに超えたものなのです。

目覚めによってもたらされた二つめとは「純真さ」、つまり純粋無垢なる本質です。そのすばらしい本質は人生の一瞬一瞬を新鮮に感じさせてくれます。目覚めて以来、私の脳は何かに固執したり比較したりすることがありません。すべての瞬間が幼い赤ん坊の中で起こっていることのように初めての出来事として体験されるからです。大人の思考はある出来事を過去に起こった事柄と照らし合わせて認識しようとします。そしてあれもこれもすでに「経験済み」であるかのような態度をとろうとしますが、それはかなり無味乾燥で退屈な見方です。純真なる心は、そうした比較が起こらないときに生まれてきます。それは「謙虚」と通じるものがありますが、私は個人的に「純真さ」という言葉のほうが好きです。なぜなら、その言葉のほうが実際の体験により近いところにいると感じるからです。

三つめの本質は「愛」です。この愛とは存在そのものへの純粋な愛です。目覚めの体験の中で、存在するすべてのものに対する愛が生まれるのです。目覚めによる洞察が非常に深まるとき、あなたは「存在する」こと自体がどんなに稀有なことかを理解し、すべてがすばらしく目に映るでしょう。それは私たちがいつ殺されてもおかしくないという意味ではありません。絶対的な「無」の世界がここにあったとしても不思議ではないのに、私たちは信じがたい生命の奇跡を目にしていると言っているのです（実際に「無」の世界は存在しますが、それは別の話になります）。つまりあらゆるものが存在しているという事実こそがまさに奇跡であり、その見方をすると存在するすべてのものへの愛があふれだしてくるのです。それは欲しいものを手に入れたときや理想のパートナーを見つけたときの愛とは違います。たとえば足に爪があるように、ごく当たり前の事実に対する愛なのです。人生という奇跡への「愛」が湧きあがり、すべてがひとつだということに気づくのです。

目覚めが深まると、もう私たちは個という立場から機能することはできなくなります。言葉を変えると、すべては「私個人」にかかわるものではなくなります。思考も「私」にかかわりがなく、感情も他の人がすることも世界に起こることにもかかわりがなくなります。一方、エゴの意識ではすべての出来事が「私」に対して起こってきます。そしてそれが「正常」と見なされるのです。

誰も個人としての自己を本当の意味で説明することはできません。ただ感じることはできます。それは本能的なものです。それは私たちの言動ではなく、私たちという固定された自己の部分です。それを深く見るとき、個人としての自己とは本当の自分ではなく、まず第一に実体のあるものではないということを理解するでしょう。そして自分の本質を見はじめると、ある矛盾や逆説を含んだ相反する事柄に直面します。すなわち自己という存在がないことを知れば知るほど、私たちはより真の自己に近づくことができるのです。

そして私の経験では、個人としての自己の後を引き継いだのが「純真さ」と「愛」だったのです。もちろん、それらの本質はそこにずっとあったものですが、「私」と化した思考や感情の固まりによって覆い隠されていたのです。この純真さという本質は決して止むことなく私を楽しませてくれます。どんなにたくさんの体験を重ねても、どんなにスピリチュアルな洞察が深まろうともつねに純粋で無邪気でありつづけることで、ますます純真さが育っていくのです。エゴ的な自己の感覚では、知れば知るほど私たちは純真さから遠ざかりますが、本来の自己にとっては知れば知るほど純真さに近づくのです。

私たちが「純真」と呼ぶのは、それがお馴染みの無邪気さを伴うだけでなく無防備さも備えているからです。私たちが無防備になっているとき、純真さは自ずと生まれてくることに気づくはずです。それを理解するために次のように考えてみましょう。エゴの意識とつながっているとき、私たちは信念や記憶の集積である一つの見方や考え方から発想します。ところが純真なる本質から発想するとき、ある一つの考えや見方、信念から物事をとらえることをしません。純真さそのものから発想するとき、そこには何の特別な見方も存在しないでしょう。思想もなければ、神についても哲学もなければ、信条も概念もいっさいありません。世界で何が起こっているのかまったく分からないということだけは確かです。純真さの中にいるとき体験していることをまとめる概念はないのですが、それこそが驚嘆に値することなのです。何が起こっているのか分からないというのは、思考を通した体験とその体験が結びつかないという意味です。それは思考を飛び越えて体験と直結しているのです。何のフィルターもない状態、それこそが純真さなのです。

実はこの純真さという目覚めた自己の一側面がすべての存在の中に味見役として宿っています。エゴの意識やマインドにとって、そこは訪れやすいステキな場所に思えるかもしれませんが、実は長くとどまるには恐ろしい場所です。なぜならそれはすべてのエゴの意識の道具を取りあげてしまい、役に立たないものにしてしまうからです。たとえばバハマを訪れたときのように、束の間の小さな安らぎを与えてくれるところとしては好まれるかもしれませんが、あなたのマインドにとっては決して居心地の良い場所ではありません。というのも、そこにいる間、マインドはいっさい機能することができないからです。あなたは自分が思っていたような自分ではないことに気づき、世界も思っていたものとは違うことに気づくのですべてが真新しく開かれて予測不可能になり、それによってあなたのエゴは危機的な不安を感じるでしょう。

「純真さ」というものがいかに極端で徹底したものかを理解するのは困難かもしれません。たとえば椅子に座っているあなたの身体にある感覚が湧き起こったとき、それをマインドは「怖れ」と名付けるかもしれませんが、純真さはそれを知りません。「怖れ」と名付けられた感覚さえも純真さには認知されないのです。なぜならそれはマインドというフィルターを通して何かを見ないからです。代わりにそれはこう見るかもしれません。「いったいこの感覚は何だろう?」と。あなたが何かに興味をもつとき、あなたはそこに近づいていきます。ある音にひかれると、そちらへと耳を傾けます。ある匂いにひかれると鼻をひくひくさせます。純真さはただ興味をもってたずねます。「それは何?」。そしてその感覚を近くへと引き寄せます。観念を通してではなく体験を通してその感覚が何かを発見するのです。たとえば「怖れ」という感覚を観念を通して発見するのと、体験を通して発見するのではまったく違うのです。ちなみに「怖れ」という言葉は世代を超えて語り継がれ、親から子へとマインドの伝達がなされてきました。ですから「怖れ」という言葉が頭の中に浮かんだとたんに、その瞬間の怖れだけでなく、数えきれないほどの幾世代もの怖れが生じるのです。

ところが「純真さ」は思考を通して見ないので、人類の歴史を迂回します。一瞬一瞬が新たなる発見の連続なのです。エゴのマインドが「じゃあ、僕が純真無垢になるよ。そして一瞬一瞬に発見ができるようによく注意を払うよ」と言うのとは違います。それではエゴ的な意識の投影が生まれてしまうのでかえって逆効果なのです。「純真さ」はすでに存在しています。そして完璧なまでに純真無垢な方法で一瞬一瞬に寄り添いながら体験を味わっているのです。純真なる本質とつながるとき、あなたは子どものような好奇心を感じるでしょう。純真さが体験へと向かい、一つ一つのものへと向かうことを実際に発見するでしょう。だからこそ多くの宗教において「子どものようでありなさい（子どもじみた幼さではなく、子どものように純真であれという意味で）」という教えがあるのです。子どものような心は、すべてのものに飽くことのない興味を抱かせます。私たちが分離のない自己を生きているとき、そうした新鮮な感覚を保ちつづけることができるのです。

もちろん私たちには脳も思考力もあるので、学ぶべきことや体験の蓄積も必要です。エゴの意識はつねにその蓄積された知識を通してものを見ます。分離のない自己を生きるとは、必要なとき以外はその知識や経験の蓄積を通してものを見ないということです。純真さを通してものを見ることで、私たちは非常に賢明な存在へと高められるでしょう。なぜならその状態にいるとき、その瞬間のもっとも深い叡智が立ち現れるからです。その叡智とはその瞬間だけに属するものであり、私たちの知識の集積の一部とは違うものです。禅において私たちはそれを「プラジャ（核心の叡智）」と呼びます。それは「全体の世界」に属する叡智であり、一瞬一瞬に属する叡智でもあります。そのとき私たちは「私」という個人的な感覚とつながる代わりに、「実在」という全体の世界とつながるのです。

目覚めの中で私が発見したもう一つが、存在することへの「愛」でした。それは何かによって生まれた愛ではありません。良い日や良い人、良い出会いや良い気分などのいわゆる好条件を土台としてもいません。あなたにとって毎日が良い日ばかりとは限りませんし、良い人や良い出会いばかりではないのですから、いつも良い気分でいられるとは限らないでしょう。それはこの生を生きることへの愛です。というのも人生においては瞬間瞬間が自らの生との出会いなのですから。

目覚めによって個人としての自己はないことが暴かれるとき、すべてのものが自分自身であることを知るでしょう。それは矛盾のように思えるかもしれません。私たちは「いない」と同時に純然たる「すべて」としての自らを知るのです。それが分かると、愛が愛と出会う以外には何も起こらないという認識が生まれます。つまり、たとえどんなにうんざりするような時間であったとしても、その瞬間瞬間の中であなたは自分自身と出会い、真理が真理と出会い、神が神と出会い、愛が愛と出会うのです。マインドというフィルターを通したエゴの意識の中では、それは決して起こりえないことです。しかし純真無垢なる世界では、愛はただ愛と出会うのです。あなたが私を愛するとき、愛との出会いがあります。あなたが私を憎むとき——それはそれでいいのです——憎しみとの出会いがあり、純真なる本質はその出会いをも愛するでしょう。「ひとつなるもの」が自らと出会い、自らを知り、自らを体験するだけなのです。

この愛には私たちが「愛」という言葉から連想するような、いわゆる「幸せな気分」も含まれますが、実際にはそれをはるかに超越したものです。それは経験を超えた深い深い愛なのです。あなたが何らかの愛を体験したときのことを思い出してみてください。本当の愛が湧きあがってくると、あなたのマインドと感情の両方が開かれます。愛とは起きていることすべてに対して開かれることなのです。エゴの意識はつねに扉を閉ざしています。感情レベルでも思考レベルでも約九九パーセントの確率で確実に起こるのですが、その瞬間が「適切」なものではないと認識したとたんに、エゴはピシャリと扉を閉ざしてしまうでしょう。それとは反対に、たとえどんなに不快な状況の中においても純真さと愛が扉を閉ざすことはありません。

あなたは個という自己を超えた認識をもてばもつほど、ますます純真さに近づくことができます。純真さを知れば知るほど、愛は頭をもたげて人生を体験しはじめるでしょう。そしてこの人生を生き、この人生の中で動きはじめるでしょう。あなたが開かれるとき、叡智もあなたの手に届くものとなるでしょう。そして叡智の深まりとともに純真さも深まるでしょう。純粋さが愛を招き入れ、愛が愛を呼び、叡智のための空間がさらに広がっていくのです。

愛と純真さは、叡智を解き放つことを可能にします。それら二つはあなたの本質が花開いた成果なのです。それはあなたの本質を目覚めさせ、体現することを可能にしてくれるでしょう。

5章 調和

HARMONIZATION

禅の悟りの定義の一つに「肉体とマインドの調和」がありますが、それは「スピリットともの（マター）の調和」という意味でもあります。スピリットとものが調和の中にあるとき第三の実体が生まれ、仏教用語で「中庸」と呼ばれる状態に至ります。中庸とは二つの相反するものの中間という意味ではありません。それはスピリットとものが調和し内在するワンネスが知覚された状態なのです。スピリットとものは別のものではなく、一つのものの二つの側面です。それを理解することは、私たち自身の本質を知ることでもあります。

人間としての私たちはもの、つまり身体を自分だと見なしていますが、ものには精妙な目に見えない存在から密度の濃い目に見える存在に至るまで、触れたり、見たり、感じたり、認識したり直感的にとらえることのできるすべてのものが含まれます。肉体や車や花と同様に、感覚や感情もものなのです。

ものの本質がスピリットです。ものはスピリットによって生命の息吹を吹き込まれ、それら二つは切り離すことができません。私たちはそれらを別物であるかのように話をすることはできますが、生命力を奪われたときものは存在しません。死んだものがあるわけではなく、ものは存在しなくなるのです。

悟りのプロセスとは、人格や「私」たちとして現れるものを自己として見ることにはじまり、スピリットを自己と見ることへと至ります。そして真の覚醒はものとスピリットが調和しているときに起こります。その調和の状態を私たちは「自他の区別のない状態」または「ワンネス」と呼んでいます。

私たちが自分をスピリットだと知ったとき、それを知る以前よりもはるかに深い調和が生まれるかもしれません。しかし、そこには依然として何らかの不調和が存在する可能性もあるでしょう。ですからあなたがその真理の教えに自らをさらすこと、つまり一瞬一瞬、あるがままの自己をさらしつづけることの価値を理解することがたいせつです。日焼けをしたいとき、私たちは太陽に肌をさらさなければなりません。服を着る代わりに服を脱ぎます。同様に自由になりたければ、自らを観念や考え、意見でまとってはいけません。それらを全部脱がなければならないのです。そのときひとりでに何かが起こります。つまり調和を深めるためには観念にしがみついてはいけないのです。ちょうど身体の一部に服をまとったままで全身をきれいに焼くことができないのと同じです。私たちは観念に縛られたままでは変容することはできません。真っ裸になり完全に素肌をさらすとき、とても自然な方法で変容し目覚めることができるのです。

何年も前に私の二人の師の一人であるクォン老師は、私が数か月ほど山にこもることを知り、野宿にふさわしい場所を見つける方法を教えてくれました。といっても、師はそのための情報を授けてくれたわけではありません。師の話を聞いているうちに、私は自分で適切な場所を感じとることができると思ったのです。私たちが環境を感じることができるように、環境の中にものとスピリットの調和のとれた状態を感じとることができます。そうした環境は私たち自身とも自然に調和し、野宿にもふさわしい場所になるのです。

調和があればあるほど私たちの内に、より強烈な真理と輝きが宿ります。もちろん輝きはいたるところにあり、私たちはそこから逃れることはできません。しかしある時期においては、私たちの環境の中で何らかのサポートや訓練を受けることも助けになるでしょう。というのも、私たちはいたるところにつねに輝きがあるという感覚を見失いがちだからです。私たちが深く入れば入るほど、あらゆるところに輝きを体験するでしょう。たとえそれが凝縮された勢いのある強い輝きには見えないとしても。私たちは体験や場所に自らをすすんでさらすことで、そこへ至ることができます。

私が開催するリトリート(5—1)の中では、個人差はありますがスピリットとものが調和しはじめることでそのリトリートを全体として感じる瞬間があります。それが起こるとき、圧倒的なパワーの中である人々は至福を感じ、ある人々は怖れを体験します。もしもあなたが目覚めたければ、目覚めた存在の近くを徘徊する必要があると言われるのはそうした理由からです。それは目覚めた人間だけでなく、目覚めた木や山、川などでも同じことです。つまりあなたのまわりの環境すべてが目覚めた存在になる可能性があるのです。感受性が研ぎすまされているとき、私たちは環境が目覚めているかどうかを感じとることができます。人間は多かれ少なかれ目覚めた存在になりうるのです。同様に木や山や峡谷や丘、あるいは私たちの住まいの近くのある通りの一角でさえ、目覚めた存在になる可能性があるのです。そしてそれらのスピリットとものが調和した状態にある環境や人に対して自らをさらすことで、私たちの目覚めが促されるでしょう。それがサットサン(5—2)の極意であり、瞑想の本当の意味なのです。自らを目覚めた存在にさらすとき、きわめて自然にスピリットとものが調和します。何もせずして突然、変化が訪れるのです。むしろあなたが何もしなければしないほど、より調和することができるのです。

　リラックスして調和に自らをゆだねることで、私たちはまわりの環境のあるがままの美しさや自分自身の美しさに対して深く目覚めることができます。それがいわゆる「中庸」ですが、中間という意味ではなくすべてが内包された状態です。その影響力は繊細でありながら強烈なものにもなりうるでしょう。そのパワーは私たちの人生のひび割れや裂け目に浸み込んでいく靄《もや》のように精妙なものであり、派手な演出で自らを誇示することを好みません。

私がクォン老師のリトリートを受けていたとき、突然のように「そうか！」と思った日のことを覚えています。それは私の頭ではなく内面での気づきでした。その美しさとパワーによって私の目覚めが促され、それまで語られたことはないけれどもいつでも感じとることができる、あることを理解するに至ったのです。私は老師の話を、あるときは非常に興味をひかれ耳をそばだてて聞きましたが、さほど興味を覚えず真剣に聞こうとしないときもありました。老師自身も「面白い話のときもあればそうでないときもありますが、それはそれでよいのです」と語ったものでした。そしてそれが起こったのは、私が話にあまり耳を傾けていないときでした。私は空想にふけっていたわけでもなく、注意深く話を聞いていたわけでもなかったのですが、突然、存在のもつ煙のように微細な流れを感じたのです。「老師がしていることはこれだったのだ。ただ話しつづけているだけではなかった」と私は知りました。その場で起きていることの本当の意味を理解したのです。私は「老師はなんてペテン師なのだろう」と思い、口元に笑みを浮かべていました。なぜならその場にいる彼自身も含めた私たちの誰一人として選択の余地のないところで、きわめて精妙でとらえにくいものだけども非常に浸透力のあるすばらしい何かが起こっていたからです。

私が老師をペテン師だというのは、私たちが何も起きていないと考えているところで、それゆえ私たちが何も追い求めていないところで何かが起きていたからです。そのことを私自身も、ただ輝いている精妙な光源をその日、そのときに体験するまでは見逃がしていたのです。そしてその体験の直後、同じものが私の内側でも輝いていることに気づいたのです。それはまったく同じ輝きでした。「これが本当の私なんだ！」と知ったのです。それはすべての生命の源でした。肉体とマインド、スピリットとものの美しいまでの完璧な調和を感じたのです。自分自身を裸にしてさらすことを通してそれは起こりました。私はその体験を真の目覚めとは呼びませんが、聖なる実在を認識したという意味においては目覚めの試食のような体験だったと思っています。

カリスマと呼ばれる存在はとても美しいものです。しかし教師にカリスマ性がありすぎると、生徒はそこにしがみついてしまう傾向があります。生徒たちは単なる外見や雰囲気だけで「何てすばらしい人なのだろう！」と思ってしまうのです。たしかにその教師はすばらしい人かもしれませんが、そのことはさほど重要ではありません。私の師のどちらもカリスマ的な人物ではなかったということが私にはすばらしい贈り物に感じられます。カリスマやその他の存在に対する崇拝の念を私たちが抱きはじめるとき、その真の実在の姿を無意識のうちに素通りしはじめます。真の実在とは強烈な人格を通しても立ち現れますが、柔和で穏やかな人格を通しても現れることができます。それは偉大なるカリスマを通しても、まったくカリスマ性のない存在を通しても現れるのです。それに関しては私たちに選択の余地はありません。「聖なる母」と呼ばれる導師だけではなく、ただの老婆を通しても実在の本質は立ち現れるのです。

調和を通して私たちが自らの本質を理解したとしたら、次に何ができるでしょうか？　私たちは肌を太陽にさらして焼きつづけなければなりません。私たちがそれをやめて「分かった！」と叫んだ瞬間、スピリットとものの調和が崩れます。それは瞬時に変化します。鈴木老師がよく言ったように「あなたが苦しんでいるのは少し欲深くなっているから」なのです。調和が維持されるためには、つねに手放してゆだねる必要があるのです。

老子の古い教えでは、それを「気を正す」と表現しています。古代において（そして数少なくなっていますが現代においても）、村の中で問題が起きるときは道教の僧侶が呼び出されました。コミュニティがうまく機能しなくなって騒動が起こると道士が招かれるのです。隠れ家から出て村へ行った道士は、「私に静かな場所と小屋を提供してください。そしてしばらく一人にしてください」と人々に告げたものです。そこに彼は座り、自分を取り巻く周囲の気やエネルギーに対して自らを開いたのです。それは偉大なる慈愛の行為です。なぜならあなたが自分自身をまわりの気に対して開くとき、その気がバランスを崩していたならば、あなた自身もバランスを崩すだろうからです。ちょうどあなたのまわりで起こっていることがあなたの内側でも起こるのです。しかしあなたが十分な安定性と洞察力を身につけているならば、あなたの内にあるものは何一つとして悩まされることはないでしょう。それは問題ではなくなり、あなたを苦しめることさえないのです。それは乱気流のようにただ起こるだけなのです。自分自身を完全に理解したとき、初めてあなたは怖れをもたずにそうすることが可能になります。さもなければ自らを開いた瞬間にあなたは完全に自分を見失ってしまうでしょう。

道士は小屋の中に座って周囲の気あるいはエネルギーに対して自らを開きました。まわりの気を感じて体験し、それから自分自身の意識という光にその気を開いたのでした。一日ですむこともあれば一週間かかることもあり、ときには一か月かかったこともあったでしょう。しかし道士が彼自身の意識という光をその気にさらしつづけると、周囲のエネルギーが自然に整いはじめます。すると村人たちは気分が良くなり、物事がうまくまわるようになったのです。

聖書の中に「目覚めたものの近くにいなさい」という意味のことが述べられているのはまさにこうした理由からです。目覚めたものとは人間であることも、木や街角のこともあるでしょう。あなた自身をそれらに対して開いてください。それらを礼拝したり、まつりあげたりしないでください。あなたが自らをさらすとき、自然に気が整えられます。すなわち調和とはそれ自身の意識の状態から起こりうるものなのです。決して誰かに依存しないでください。あなたを目覚めさせるのはあなた自身なのです。

意識の光には何かを変えようとしたり、正そうとしたりする意図はありません。そこには変化が必要だという感覚がまるでないのですが、ただ変化が起こるのです。道士が座っているだけですべてが整えられるように、誰もがただすばらしい気分になるでしょう。もちろんその気分は決して長続きはしません。というのも自分の意識の中に太陽を見ない限り、目覚めた意識がまわりから去っていくとふたたび混乱に陥《おちい》るからです。ところで道士はそれに対しては冷静でした。太陽は自らが照らす場所や照らすための理由にはまったく無頓着だからです。人々は自分が心から求めているときだけ目覚めて変容することができます。そのときが来るまでは、すべての変化は一時的なものなのです。あなた以外の他の誰もあなた自身を永遠に目覚めさせることはできないのです。

あなたが自らの真の光、つまりあなたの中で目覚めはじめた光や輝きを見るようになるとき、そこにはあなたを変えようとする意図はないことが分かるでしょう。そこには調和への意図もなく、日常の決まりごとや予定もありません。ただそれは起こるのです。真理こそが唯一、あなたが出会うことができるルールや計画のまったくない世界です。それ以外のすべてには決まりや予定があります。そう、すべてに。だからこそ真理はとても強力なのです。あなたの日常の予定を手放し、自らをさらしつづけなさい。そうすれば調和は自然に生まれるでしょう。

［訳注］

5―1　リトリート　日常生活から離れて自分の内側とつながり、目覚めを体験するための何日かにわたるワークショップのようなもの。

5―2　サットサン　目覚めや悟りの体験を求めて人々が集まる場のこと。

6章 自由

FREEDOM

ニサルガダッタ・マハラジという賢者が、悟りを開いた方法についてたずねられたときのことです。彼は「私は以前、自分自身がすべての根源であり至上最高の存在だと導師に教えられました。それを真理だと感じた私は、それが本当になるまでずっと思索しつづけたのです」と答えました。そして「私は幸運です。なぜなら教えられたことをただ信じたのですから」と付け加えました。

自由とは、深遠なまでの静けさと安らぎの未知なる世界が自分自身だと知ることです。それ以外のものはその未知なるものの延長にすぎません。肉体も一つの延長であり、外の樹木もその未知なるものが時と形をまとった延長にすぎません。思考や感情もまた未知なるものの一時的な延長です。実は目に見えるすべての世界がこの未知なる静けさの延長にすぎないのです。

ですから根源的なものを見ようとするところまであなたが成長して到達することがたいせつです。あなたの「混乱」という雑草を引き抜こうとすることと、真実の根源に至ることには大きな違いがあります。芝生から雑草を引き抜いたことはあるでしょうか？　雑草の葉先だけを引き抜いても、まるで草取りなどしなかったかのように、すぐにまた雑草が生えてきてしまったという経験はないでしょうか？　自己意識をクリアにすることはそれと似たようなものです。

あなたという制限された自己意識を根本から引き抜くためには、それをもっとも根源的な視点で見ることがたいせつです。つまり個人的な問題を通常の見方を超えたところから眺めるのです。個人的に問題を見るということは、あなたという芝生の中から雑草の葉先だけを引き抜くようなもので、すぐにまたもとの状態に戻ってしまうでしょう。あなたは日々の問題から解放されるかもしれませんが、問題の根はまったく手つかずのまま依然としてそこにあるからです。たとえ自分の問題が明確になり、感動的な洞察が得られたとしても、本当の自分という根源に出会うこととはまったく別なのです。そしてあなたという根源にたどり着かなければ、また別の雑草が生えてくるでしょう。

私たちは問いかけます。「では『私』と呼ばれるものの根源とは何なのだろう？」。それを知るためには、あなたはその起源、すなわちそれがどのように始まったかというルーツを知らなければなりません。あなたの本質である静謐《せいひつ》で純粋なる感応と愛が、あるものすべてへの愛と純真無垢なる感応の世界から切り離され、思考を自分と見なす世界へと移行した瞬間がありました。純真無垢なる感応から自己意識へと移ったまさにその瞬間、自由が失われたのです。それははるかに時を遡《さかのぼ》ったはじまりのときに起こり、今この瞬間も起こっています。一瞬一瞬の中にすべてのものとの純真無垢なる感応があります。しかしマインドがしゃしゃり出て「私のもの」と自己主張しはじめます。「それは私のもので、私の思考であり、私の問題だ」と。あるいはまったく正反対のことを言うかもしれません。つまりその思考や問題は「私ではなくあなたのものだ」と。そこにすべての苦しみや分離の起源があるのです。

あなたという真の自己、そして真の本質であることは、それを思考で体験することとは異なります。あなた自身が神秘だと知ってください。そして神秘そのものであるあなたは自分を外側から眺めることはできません。覚醒した世界、生き生きとした愛にあふれた神秘の世界がこの瞬間にもあなたの目に映っています。この瞬間、あなたの耳にもその世界の気配が感じられます。すべてを分析して知り尽くすことは不可能ですので、こう自分にたずねてみてください。「私の目の奥にある究極の世界とはどんなものなのだろう?」。そしてちょっと方向転換して心の目を見開いてみましょう。純粋なスピリットである神秘と出会い、あなたという本質と出会いましょう。

私たちが概念を追い求めることに執着しない限り、神秘はつねにその姿を現してくれます。概念への執着は、あなたの神秘とのつながりを切り離します。ポケットの中に宝石を持っていても、自分では宝石を取り出せないのと同じようなものです。あなたが深いレベルから自分自身が神秘を体験している神秘そのものだということを知るとき、あなたはすべてを知るでしょう。あなたがある体験を「私」や「あなた」と呼ぼうとも、「良い日」「悪い日」「美しい」「ひどい」「愛に満ちた」「残酷な」と呼んだとしても、それらすべては時間や形をまとった神秘が神秘そのものである自己を体験している姿です。それが起こっていることのすべてなのです。

この理解があなたの頭だけのものなら、それを知ることはできても神秘そのものになることはできません。頭は「ああ、分かったぞ。僕が神秘なのだ」と頷《うなず》きます。しかし「僕はいまだにどこどこの何々という誰かだし、不安もいっぱいあるし、欲しいものも野望もある」とあなたの身体はそのメッセージを受け取らなかったかのように行動します。一方、私たちが本質そのものであるとき、存在全体がそのメッセージを受け取ります。そして身体全体がメッセージを受け取ると、まるで風船から空気が抜けていくような状態になります。それらすべての矛盾や混乱、さまざまな欲望がしぼんでいくとき、肉体が神秘なるものの延長であるという体験へと至ります。そのとき肉体は神秘なるもの、すなわち純粋なるスピリットによっていともたやすく動かされるのです。

では神秘であるあなたが、ある別の肉体へと入り込んだと想像してみましょう。その肉体は内面にたくさんの矛盾や葛藤を引き起こすような相反する欲求や野望や執着を抱えもっているとします。この別の肉体を感じているあなたは、その肉体が抱えている概念が真実ではないことを知っています。あなたが新しい肉体に入り込んだとき、その肉体は自分を神秘だと知らないので肉体としての自己にしがみついていると想像してみてください。神秘であるあなたは肉体に生命を吹き込んで動かそうとしますが、その肉体はコントロールされる必要があると思い込んでいるためにあらゆる場面であなたに抵抗するでしょう。腕を動かそうとするたびに緊張し、口を開こうとするたびにどもって言葉が出てこないのです。神秘としてのあなたが純真無垢なる感応を体験したくとも、あなたは肉体の中のすべての矛盾と抵抗を体験しなければなりません。というのも最高最善の意図をもつあなたを通って神秘のエネルギーが肉体に流れたとしても、その肉体が愛とつきあう唯一の方法とは愛を矛盾に変えることだからです。そしてあなたの身体は神秘のエネルギーへの反応に頑《かたく》なになり、動くことも歩くこともできず、話すことも考えることさえできなくなるでしょう。

そこであなたがその肉体から離れ、細胞レベルで自分が神秘だという真理を知っているもう一つの別の肉体へと移っていったと想像してみてください。それは肉体のように見えますし、肉体としてのあらゆる行為を行うでしょう。しかしそれは、実はただの肉体ではありません。つまりそれは自分が本当は形をまとった神秘だと知っている肉体なのです。ですから神秘が肉体に入ってきたとしても、バターがバターに出会うように自然に溶けあうのです。「なるほど、さあこれで僕は動ける」とあなたは自分が神秘だと知っている肉体にいることがどんなものかを実感することができるでしょう。

自らの本質に対して肉体を完全にゆだねるためには、すべての自己イメージが消滅した状態で、この肉体が神秘だということを深く完全に理解しなければなりません。あなたの身体がほんの少しでも自己イメージの残滓《ざんし》物をもっているならば、それによって硬直が引き起こされます。肉体が何らかの判断を抱えもって自らの本質以外の何かを見るとき、錆びついた関節のようなこわばりが生じるのです。明日について思い煩《わずら》うなら、肉体は硬直するでしょう。それゆえ肉体が神秘を完全なまでに生きようとするならば、その個人の課題は完全に消えてなくならなければなりません。

マインドと対になった肉体がいくらそうしようと思っても日常の悩みや予定をなくすことはできません。しかし存在そのものが、真に実在しているものがそれ自身だということをより深く十分に知るにしたがって、日常の悩みや予定の消滅はごく自然に起こるでしょう。それは腹の底から湧きあがるような変化です。あなたはそれを感じたことはないでしょうか？

そのとき、しがみつくものは何もなく固執すべき見解もどこにもありません。分離はまったくないのです。

「真理はあなたを自由にする」と言われるのはそうした理由からです。しかし、そのためにはあなたという全存在が真実を理解しなければなりません。そしてあなたが自ら知った真実そのものでいなければならないのです。だから私は雑草を刈り取ることの限界、つまりある思考や思い込みをもっとましな思考や思い込みに置き換えようとすることの限界を話したのです。

あなたがある自己中心的な思考を取り入れたとします。そのメカニズムには矛盾があるので、その肉体の中で動こうとしてもスムーズに働いてはくれないでしょう。そして結局のところ、どんな考えを取り入れたとしても同じことなのです。いくつかの考えは肉体の操作を少しは楽にしてくれるかもしれません。というのも思考の中には他の思考ほど矛盾をはらんでいないものもあり、自己イメージの中にも矛盾が少ないものがあるからです。あなたの自己イメージをよりプラス思考のものに書き換えることでエネルギーが変わるかもしれません。しかしあなたは自己意識から決して自由になったわけではなく、踊るように自在に動ける状態ではないのです。自己の本質を知ることによってのみ肉体は自由になります。雑草の葉先ではなく根本へと至ることでそれが可能になるのです。つまりあなたの神経症をどうにかしようとするよりも、あなたが目覚めて永遠の存在である自分自身を発見することがたいせつなのです。

すべてのものには本来、自己を自由に解放しようとする傾向が備わっていますが、それは喜ばしいことです。あなたの固執しているものがあなたに完全なる認識が生まれることを妨げているものです。ですから自分が自由だと感じられないとき、あなたは何らかの考えや記憶などにしがみついているのです。二〇年前が記念すべきすばらしい瞬間になることもあれば、昨日が取るに足らない瞬間になることだってあるでしょう。あなたが自己意識や判断や非難、被害者意識や罪悪感などを抱えもっているとしたら、自己を自由にする道の途中でそれらに出会うでしょう。そしてあなたが書き換える代わりに「取り外す」ことでそれらの物語をやめることができるのです。

多くの人にとって書き換えはＯＫですが、自己という意識を取り外すことはタブーです。私たちは体験により良い意味を与えることが助けになると思い込み、自分の物語をつくりあげては体験を意味付けする癖を果てしなく続けています。その方法がちょっとした手助けになることもあるでしょう。しかし最終的に私たちを分離という夢の状態から目覚めさせるのは、自己概念という自己に関する偽りの見方の鎧を脱ぐことなのです。

あなたが固執している心的構造を手放すことに情熱を感じるとき、未知なる実在の世界が自らを目覚めさせようとします。どうか感じてみてください。真実の確信に勝るものなど何もないのだということを。

7章 光り輝く中心

THE RADIANT CORE

冬は興味深い季節です。聖なる日々の多くは冬にあり、ラマダンやハヌカー(7—1)、クリスマスやブッダの悟りの日は冬の時期に祝われます。冬は神聖なる門であり、神聖なる機会でもあります。木々の葉っぱはすべて剥がれ、果実は地面へと落ちていきます。枝は裸になり、すべてがその本質である原型の姿へと帰ります。そして外の世界だけでなく内の世界でも、余分なものを脱ぎ捨てるプロセスが始まります。

冬は偉大なる雨と雪の季節でもあります。毎年、シエラネバダ山脈の山々は前年よりも少しずつ山頂が低くなっています。雪解けや雨とともに山の一部が押し流されて川になり、湖や海へと流れていくことで水が源へと帰っていくからです。

たとえ嵐が来たとしても、冬は一年の中でもっとも静かな季節です。嵐の後ほど静かなひとときは他にありません。もしもあなたが雪崩の直後に運良く山に居合わせる機会があったとしたら、ほんの少しの風も動きもなく、雪がすべての音を吸い取ったかのような深い静寂の広がりを体験するでしょう。そしてその静けさに圧倒されることでしょう。

本当の意味での自己探究とは、精神的な冬の季節に誘発されるものです。それは正しい答えを探し求めることではありません。必要のないものをどんどん脱ぎ捨てていき、葉っぱのない自分の本当の姿を見せられるプロセスなのです。人間の姿をした私たちは、それらを「葉っぱ」とは呼びません。代わりに「考え」や「概念」、「執着」や「条件付け」などと呼ばれるものすべてがあなたの自己意識を形成しています。もしも外の木々がそれらの葉っぱこそ樹木としての自分だと自己を認識するならば、きっとおかしなことになるでしょう。葉っぱはあまりにももろく消え去りやすいものだからです。

探究とはもっとも前向きな意図をもって精神的な冬の時期を誘発することであり、すべてのものを脱ぎ捨てて自分の根っこ、すなわち中心《コア》に帰ることです。私たちが自ら裸になることを許し、すべての葉っぱや思考がマインドから剥がれ落ちていく内的な冬に入っていくとき、たとえば禅で言うように両親が生まれる以前の自分へと遡《さかのぼ》る体験をするかもしれません。それはもっとも本質的な源への回帰なのです。

人間である私たちは精神的な冬に対して他の何よりも抵抗を示します。人類が自己意識を手放して冬を体験することを自らに許したなら、私たちはみな悟りを開くでしょう。冬の夜明けを自分の内に招き入れるだけで剥奪のプロセスが始まります。あなたが深い静寂の中にいるとき、それはごく自然に起こるでしょう。あなたが何かをコントロールしようとしなければ、ある種の思考パターンやエネルギッシュな性質は葉っぱや雪のように自然に剥がれて落ちていきます。それは献身のプロセスです。そしてそれこそがスピリチュアルな探究が目指すものなのです。「私は誰だろう?」とたずねることは未知の空間に存在することであり、自分の信念や思い込みに疑問を投げかけることです。永遠の真実を知る体験とは、あなたの幻想をすべて手放したときにやってくるのです。

もちろん人間には木にはない能力があります。もしも樹木が人間のようだとしたら、保身のために枝を伸ばして落ち葉をかき集めて枝にしっかり固定させようとするでしょう。それらの樹木があたかも存在の危機に瀕したかのようにすべての葉を枝から落とすまいとする光景を目にしたなら、きっとあなたは不思議に思うでしょう。それが私たち人間にも言えるのです。つまり私たちはお気に入りの信念や理屈のかけらをかき集めては必死になって人生にしがみつこうとする傾向があるのです。

激しい嵐が来て葉っぱが木から吹き飛ばされそうになることもあるでしょう。たとえば「私は悟りを開いた」という自己認識をもっている人に風が吹いて——ふつうは他の人間によって起こされる風ですが――その自己認識が剥がれ落ちるかもしれません。「私は悟った。最高に幸せな気分さ」と思っているあなたに別の風が吹いて、その思いを剥ぎ取っていくとしますす。たとえば友人や仕事仲間に「君はあまり悟っているようには見えないね」と言われるかもしれません。しかしやがてあなたは、それも不要な自己認識だと気づくのです。あなたがいらなくなったものをかき集めようとしない限り、それは聖なるチャンスです。剥がれ落ちていくプロセスの中であなたは自分に不必要なものを知るでしょう。それらは単なる幻想であって船外に放り投げるべきさらなる重荷にすぎないということを知るのです。

中心に戻ること、つまりあなた自身のルーツに戻ること、そしてあなたが自分に受け取ることを許したすべての自己認識――たとえそれらが聖なるものであったとしても――を手放していくこと、また自分がそれらなしでもいられると発見することはこのうえなくすばらしい体験です。この冬の時期のもっとも美しい贈り物はたしかに存在しますが、それは言葉にならない贈り物です。冬はあなたに手放すよう懇願し、さらに手放すことさえも手放すよう請い求めています。あなた自身の存在というルーツへの、自然で自発的な回帰を呼び起こしましょう。言葉にすることのできない、表現を超えたあなたという存在の本質へと帰るときです。

冬の季節に断崖絶壁にそびえる枝のない一本の木にたとえて、ある人が自らの目覚めの体験を表現したすばらしい詩があります。その木の幹には一本の深いひび割れがあり、樹皮が剥がれ落ちています。そこで一本の丸太に深い亀裂を入れようとしている自分を想像してみてください。中にあるものを見るためには、その中心まで亀裂を入れなければなりません。そしてその中心にあなたは何を見つけたでしょうか？　そこには光り輝く「空《くう》」があります。冬という空《くう》のまばゆいばかりの完全なる輝きがあります。それはどこからか発せられる類いの輝きではなく、ただあたり一面を覆い尽くすような燦然《さんぜん》とした輝きなのです。

その樹木のようにすべて剥がれ落ちるのを許して中心にたどり着くとき、あなたは自然にひび割れて開かれます。あなたの中心にはスピリチュアルなハートがあります。あなたは光り輝く意識の空《くう》を覆っていた鎧を取り払うだけでなく、スピリチュアルなハートの輝きと温かさを覆い隠していたものも取り外すのです。あなたが心からくつろいでいるとき、あなた自身の空《くう》の輝き、すなわち自分自身やあらゆる自己のない世界として、実際にその光り輝く空《くう》の意識を感じとることができます。あなたはまぶしいほどのハートの輝きを体験し、空《くう》はただの「無」ではないことを理解するでしょう。それは愛で満たされています。あなたの中の空《くう》が目覚めるとき、ハートは愛と慈しみに満ちていることを知るでしょう。あなた自身のスピリチュアルなハートの温かさが蘇るのです。

冬は寒く孤独で隔絶された季節とも見なされます。じっと休んで休息をとっている自分や、

「とても平和だけれども、私の喜びはどこにあるのだろう?」と自問自答する自分を発見するかもしれません。ひび割れて開かれていない状態で樹皮をそっくり抱え込んだままでも静かにしているとき、あなたはある種の空《くう》を体験することができます。そのときあなたは「空《くう》のための空《くう》」を体験しているのですが、それは空《くう》を感じまいとする自己防衛から生まれた偽りの空《くう》と言えるでしょう。

真の空《くう》とは、自己防衛のための空《くう》をはるかに超えた世界があると知ったときに生まれます。樹皮が剥がれ落ちてあなたの中心へと達すると、それまでのあなた自身や他者に対する見方が真実ではなく作為的に思われてくるでしょう。あなたはそれらを「これが私だ」と教えられて受け取り、洋服を着るように身につけてきたのです。輝く空《くう》の意識は生命に満ちあふれた空《くう》です。ハートが感情よりも深いところにあるように感じられ、だからといって何も感じないわけでもハートが麻痺しているわけでもなく、真冬でも太陽光線が降り注いでいます。冬の凍てつく朝に戸外を歩いた経験はないでしょうか? 太陽が出ていても凍えるほど寒く、「こんなに晴れて明るい日に、なぜこんなにも寒いのだろう?」と思ったことでしょう。あなた自身の内側から太陽が照らすとき、そこにはつねに暖かさがあります。真の空《くう》とは生気に満ちた輝きなのです。

ときおり人々に「私という分離した自己が本当は存在しないとしたら、いったい誰がこの人生を生きているのですか?」と質問されることがあります。一度でもあなたがこの空《くう》という輝きのハートに触れたなら、あなたは何が今この人生を生きていて、これまでもずっと生きてきて、この瞬間から生きていくのかを知っています。この人生を生きているのはあなたではありません。輝きに満ちたハートが、輝きに満ちた空《くう》なる意識とともにあなたの人生を生きているのです。自分が考える自分であることを放棄し、本当の自分自身であることを選ぶとき、その輝きに満ちたハートがあなたの人生を生きるのです。そのときあなたの現実は「無」となり、二元的な意識を超えるでしょう。

すべての人の本質（それこそが「悟り」という概念が真に指し示すもの）について考え説明するためには、あなたという本質が「すべてなる意識」の中に生まれたときの瞬間に思いをめぐらせるといいでしょう。そのときあなたのマインドは果てしなく広がって開かれるでしょう。あなたの想念が宇宙へと広がることを意味しているわけではありません。あなたのマインドが果てしなくどこまでも端がないほどに広がっていくのです。あなたが何かを思い信じるだけで、マインドはその考えにしがみついて閉じてしまうでしょう。私たちのマインドは本来開かれていて、ハートも本来開かれています。いついかなるときも、たとえ何があろうともマインドとハートは本来開かれていて、閉じ方すら知らないのです。そして同時に、あなたはその開かれたマインドやハートさえも超えた存在です。すべてはあなたという存在の内にあるのです。

　条件付きのマインドは、まわりの人々がすることやその行動の理由を考えながらつねに神の領域の仕事を引き受けようとしています。しかしそれはあなたの役割ではありませんし、あなたが心配すべきことでもありません。あなたはその本来の開かれたマインドとハートをもっていつでもどんな状況の中でも人生を歩きはじめることができます。それが私たちの真実の自己がつねにしていることなのです。あなたが自分の本質に気づきはじめると「よし、これで何かを成し遂げる準備は整った」と思うかもしれませんが、悟りとは必ずしもあなたがすばらしいことを成し遂げるというものではありません。悟りのもっとも深い体験とは、その開かれた光り輝く空《くう》なるマインドと開かれた光り輝く空《くう》なるハートが今までもずっと開かれていたことを知ることです。あなたのマインドもハートも開かれる必要さえありません。それらはすでに開かれたままでずっとありましたし、これからもありつづけるのですから。そしてそこにあなたはすべてのありとあらゆるものの中に存在する唯一のもの、すなわちワンネスを見るのです。

　人々は自分を傷つきやすく感じるとき防衛手段を講じようとします。しかしあなたの身を守ろうとすることは、満天の星空の下で無限の果てしない空間を小さなコートで包み込もうとするようなものです。あなたという無限の存在はそのコートには収まりきれません。その滑稽《こっけい》な小さなコートをまとったあなたは、いつかコートのボタンを外せば自分が解放されるだろうと考えているかもしれませんが、おそらくその日は来ないでしょう。むしろあなたがコートと自分を同一視することの愚かさに気づいたときに解放はやってきます。あらゆる限定された自己意識から自分を解き放ち、無限なる世界を抱きしめましょう。

深いレベルでの解放が起こるのを許すために、私たち自身が開かれた空間そのものであり、その中で目覚めという解放が起こるのだと知ることです。私たちが自分の人間的な面だけを自分だと思い込んでいると、「神さま、私は自分には大きすぎるものに対して開かれようとしています」と考えるでしょう。私たちが手放して、この開かれた静けさの中に身をゆだねるとき、そこには終わりのない世界が広がっています。その世界ははじまりのときよりもずっと以前からここにあり、永遠に存在しつづけてきました。そしてその世界で私たちは自然に開かれるのを体験するのです。つまり私たちは神秘の世界や別の世界で自らを開くのではなく、それまでずっとあって、これからもありつづける世界で自らを開くのです。

あなたが自分の内にある冬の聖なる本質、すなわちすべてがそのもっとも根源の姿に帰るという本質に触れるとき、あなたに馴染みのあるマインドの死を経て開かれた世界へと落ちていく自分を発見するでしょう。冬への抵抗をやめることで、そしてあなたの前に開かれた世界にただ寄り添うだけでその体験は始まります。それはあなたをひたすら回帰へと誘い解き放つでしょう。それは勇気のいることかもしれませんし、あなたは「私は誰なのだろう？本当に大丈夫だろうか？」と不安に思うかもしれません。それは単に本質へと帰ることです。自分の本質へ帰ることを許す勇気を自分の中に見つけたとき、あなたは自己の根源へと帰っていくのです。そしてその豊かさこそが冬の贈り物なのです。

それはあなたというはじまりの種子へと帰っていく旅です。そして唯一そこでこそあなたは、その種子が全真実を内包していることを知るのです。あなたが自分自身という存在の中心に至るとき、開いたときには空っぽに見えた種子の中にあらゆる可能性が詰め込まれていることに気づくでしょう。一本の樹木の種のように、その木の未来の姿に関するすべてが一粒の種の中に内包されています。そして完全なる回帰によってこそ完全なる春の訪れが満喫できるでしょう。

私が話していることは、単なる理想でもなく目標や可能性でもありません。この開かれた世界こそが実にすべての人々の内にある中心なのです。すべてを手放すことへのためらいを捨てるとき、あなたの本質が気づかれ、その気づきから本質を生きることが始まります。さらに本質を生きることが始まると、人生は自然に流れるように動き出します。私たちは最後には嘘偽りのない気持ちをもって、その開かれた世界こそがもっとも驚嘆に値する神秘だと言うことができるでしょう。それは計り知れない世界です。あなたはその世界を頭で知ることはできません。あなたは意識的に、あるいは無意識のうちにそこにただ「いる」ことしかできないのです。そしてそこに意識的に「いる」ことのほうが、無意識に「いる」ことよりもはるかに簡単です。さあ、自分自身を知りましょう。そして自由になりましょう。

［訳注］
7―1　ハヌカー　ユダヤ教の冬の八日間にわたる清めの祭り。

8章 静寂

SILENCE

マインドの波は
ひたすら静寂を追い求める
しかし返事はなく
答えもなく議論もない
静寂それは
あらゆる思考、感情、瞬間の
隠れた著者

静寂

それが語るのは「まさにここに在る」という
その言葉だけ
名前もなく
触れることもできず
とらえることもできない
あらゆる知的理解を超えた世界

その世界に触れることを願って
マインドは自らを静寂へと投げ入れる
しかしマインドは決して入ることはできない
まばゆい闇の中へ
透明な微笑みの
無の世界へ

マインドは自らに
聖なる質問を投げつける

しかしその強い思いによっても
静寂は変わらずゆるぎなくただありつづける
それは無だけを求める

無

だが、あなたはそれを与えられない
なぜならそれはあなたのポケットの中の
最後の一枚のコインだから
そしてあなたは
さまざまな要求をするだろう
あなたの聖なる空《くう》の手を差し出す代わりに

○

神秘という祝宴の中で万物が躍動する

しかし聖なる源へ
聖なる実在の世界へ
入ることができるのは無だけ
無だけがそれに触れて聖となり
その神聖さを理解し
その世界のありようを悟るだろう
ひとひらの思考の手助けもなく
静寂、それが私の秘密
隠れもせず
隠れもせず

——アジャシャンティ

真の静寂には、私たちの意識の可能性を切り開くすべてが内包されています。人為的につくられた静寂に私たちは慣れ親しんでいますが、それは静寂という名の死体のような世界です。グループ瞑想の中であなたはおそらく人為的な静寂を体験するでしょうが、それは意識の操作から生まれる類いの静寂であり、意図的にコントロールされた偽りの静けさです。真の静寂とはどんなコントロールや操作からも生まれません。ですからマインドをコントロールしようとすることをどうか忘れてください。私は覚醒と自由について話をするために皆さんの前にいるのですから。

私たちはきめの粗い意識に取り囲まれています。この手の意識は重く厚ぼったく、密度の濃いものです。テレビをつけるとほとんどの場合、あなたはきめの粗い意識と出会いますし、ほとんどの映画はきめの粗い意識を有しています。きめが粗いとは、夢の中で眠っている状態とも言えるでしょう。

この粗い意識状態から見ると、静寂は一つの対象、すなわち自分の外にあるもののように思われます。静寂とはあなたにもたらされるものであるかのように思うのです。しかしそれは本当の静寂ではありません。真の静寂とは、あなたの真の本質です。「私は静かにしている」という表現は、実はとても滑稽《こっけい》な表現なのです。本質を見るとあなたが静かにしているのではなく、あなた自身が静寂なのですから。観念的には、それらの表現の意味の違いはほんのわずかに思われるかもしれません。しかし実際には束縛と自由、地獄と天国ほどの大きな違いなのです。

音のない世界、つまりあなたを取り巻く外的な騒音や感情や意識といった雑音のない世界を静寂と取り違えないでください。あなたが静寂を一つの対象としてとらえる限り、またあなたではないものとしてあなたにもたらされる一種の感情体験としてとらえる限り、あなたは自分自身の観念の投影を追い求めているにすぎません。モーターボートに乗って静かな場所を求めて湖を駆けめぐりながら、決してたどり着けないのではないだろうかという不安を抱えながらブルルン、ブルルンとエンジンをふかしつづけるようなものです。どんなに長時間、探しまわったとしても、あなたは決して静寂を見つけることはできません。あなたがすべきことは速度を落としてエンジンを切ることです。そうすれば見つけられるでしょう。深い静けさと静止の世界を。受け入れることを許しはじめるとき、あなたは本質の静けさへと帰ります。受容できる体制を整えるためには速度を落とさなければなりません。それが静寂という本来の状態なのです。

何年も前に幸運にも私はこのすばらしい発見をしましたが、それは私に高い知性が備わっているからではなく、まったくの挫折からでした。禅の生徒たちはたくさんの瞑想や呼吸を追う訓練をします。それはすばらしい意識の集中作業のように見えますが、呼吸を追いかけていたはずなのに、いつのまにか意識の物語を追いかけている自分に気づくことがよく起こります。いやがる犬をしつけようとするのと同じで、まったくの徒労に終わるのです。そうした訓練にすぐれている人々もいます。彼らは意識を集中した状態を保ちながら静かになることができます。一方、私はというと、ついぞ意識をそのように保つことができませんでした。挫折に挫折を重ねたあげくに、とうとう私は師に「自分のやり方を見つけなさい」と言われたのです。そして私が見つけた方法とは、一点へ意識を集中する代わりにただいることであり、完全に開かれることだったのです。それは「集中する」というよりも「聞く」により近いものです。

耳を傾けるという行為の中で私は唯一人為的でない、非常に自然な状態を発見しました。その中で私は思いつく限りのあらゆる意図や努力によって別の意識状態がつくりだされることを知りました。私が何かを意図すると、巨大な空《くう》の中からある状態が人為的に生み出されるのです。美しい意識状態、ぞっとするような意識状態、集中した意識状態、その他あらゆる意識の状態がつくりだされます。ところで完全なまでに自然でまったく作為のない一つの状態があります。その中で私はもっとも深い自己、つまり自由とのつながりを見つけたのです。

その本質からも、それは努力や格闘を伴うものであってはなりません。また継続を強いないものでなければなりません。ところで意識の集中によってもたらされた静寂とは、自由な意識ではなく曇った意識状態の中で終息します。たしかにその静けさゆえに平安を感じて良い気分になるかもしれませんが、それは自由な意識ではなく、あなた自身も決して自由を感じることはないでしょう。あなたが集中を要する瞑想において学んでいるのがこの類いの意識の平和なのです。あなたは先生に向かって言うでしょう。「ええ、私は平和を発見しました」。でも瞑想をやめたとたんに、すべてがもと通りになってしまうのです。その言葉は、あなたがどんな瞑想をしているかを物語っています。あなたは、あなたの体験をコントロールしているのです。瞑想から目をさまして日常生活に戻り、周囲のことに注意を向けなければならなくなると、あなたは集中することができなくなるので、意識の平和も消え去ってしまうのです。なぜなら、それは人為的につくられた平和だからです。

スピリチュアルな探究の半分は、あなたが正直なら静寂の世界へと誘うためのものです。「私は誰だろう?」と問いかけると、あなたはすぐに静寂へと引き戻されるでしょう。その答えは脳の中にはないので、突然そこに静寂が訪れるからです。その問いかけは、あなたを人為的でない静寂へと連れていくためのものであり、正しい感情体験を求めての思考や探究は失敗に終わるでしょう。「私は誰だろう?」「真実とは何だろう?」と問いかけるとき、あなたはすぐに静寂へと帰っていくことができます。静寂への抵抗がある人は――ほとんどの人々は静寂に対して深い抵抗をもっています――静寂の状態に帰ったたとたんに、まるで熱いフライパンの中の水滴のように、何か他の状態や概念的な答えやイメージを探そうとして飛びあがるはずです。

自然で自発的でコントロールを受けない静寂とはハートが満たされた静寂であり、豊かで広大なる世界です。一方、コントロールされた静寂とは硬直した狭い世界です。コントロールを受けない静寂によって、あなたはとても開かれて受容体制が整うでしょう。マインドは自らに何も課すことはありません。あなたの本質への自然な回帰があるだけなのです。あなたの本質が静かな状態なのではなく、あなたの本質が静寂そのものなのです。またそれは非存在、無とも呼ばれています。真の静けさに到達するとき、あなたは静寂という概念を超越するのです。

雑音の対極にあるものとして静寂をとらえる限り、それは本当の静けさではありません。真の静寂の中にいるとき、ジャックハンマーで岩を削るけたたましい騒音が響いたとしても、あなたはそこに静寂があることを知るでしょう。形をとった静寂とは違い、真の静寂とは絶対的にすべてを内包しています。それは静寂に関する二元論的な概念のすべてを超えた世界です。静の世界を体験すると、静は動と切り離すことができないことを発見するでしょう。一方、瞑想の後で日常生活に戻りながらあなたは考えます。「なぜ、私はこの驚くほどの静を持続することができないのだろうか?」。それはつまりあなたが自然な静ではなくコントロールされた静を体験しているからです。あなたが本当の静の中でくつろぐとき、たとえ日常生活に戻っても、静それ自体があなたとともに動きだすのです。

本質に帰ることを自らに許すとき、静寂の中であなたは何かが起こることを求めません。往々にして人々は、静けさの中で何かが起こることを期待しますが、それ自体が彼らを水面へと押しやるでしょう。ただ力を抜いてゆだねる代わりに悪あがきをさせるのです。何も期待していないとき、あなたがあなたという存在の源深くへと自然に沈んでいく現象が起こります。それは非常に静かな世界で、そのとき初めてあなたは自分という存在を感じはじめるでしょう。その静寂の中には非常に明らかな実在があります。だから私はそれが静寂という死体とは違うと言うのです。そこにあなたは生き生きとした脈動を感じます。それはあなたの身体の内側にも外側にもいる存在です。それはいたるところに満ち満ちています。ところでそれを探し求めようとしても、あなたは自分の注意を引くような目立つものを求めてしまうので、決してめぐりあうことはできないでしょう。真の静寂とは輝きです。あなたは輝きを感じるのです。目覚めがあり、生きて存在するという深い実感が生まれるのです。

あなたが静寂そのものになるとき、この瞬間のあなたという真の本質の中で自らをくつろがせるでしょう。そのときあなたは、体験のどんな片鱗さえ避けることができないと知るでしょう。たとえば何らかの感情を避けたいがために静寂を求めているとしたら、あなたは真の静寂を体験することはできません。静寂や存在の透明性が、すべての体験や出来事を避けることができないよう、あなたの鎧を剥ぎ取ります。硬直した偽りの静けさの中では、何かを避けることができるかもしれません。しかしあなたという本質の静けさの中ではどんな体験も避けることはできません。すべてがここにあり、あなたを待っているのです。

まるであなた自身の中に本質へと帰ることを望まない何かがあるかのように、自らの本質へ帰ることを戦場として描く神話が不朽のものとして創造されつづけてきました。その何かとは「エゴ」や「自我」あるいは静かになることをまったく望まない「マインド」と呼ばれています。スピリチュアルな人々は自らの中に目覚めを望まない何かがあり、つねに何らかの葛藤がなければならないという神話の信奉者になる可能性を秘めています。本当の静寂にいるとき、あなたはその神話が実にばかげたものだと知るでしょう。そうした神話を信じる思考が意識の空《くう》から湧きあがってくるのが見えるはずです。そしてあなたがその思考を本当だと受け入れるときだけ戦いが始まるのです。しかし静寂の中にいるあなたは、それが明らかに真実ではないことを知っています。つまりその思考がただ湧きあがってくるものにすぎないことが分かるのです。あなたがその思考を信じてスピリチュアルな探究者の葛藤というドラマの英雄に自分を見立てなければ、それは本当にはなりえません。つまりあなたが自分を探究者という葛藤に巻き込んだとき、すでにあなたは戦いの敗者なのです。

静寂の中であなたは知るでしょう。マインドの動きとともに思考も動いていきますが、そこには何の真実もなく、あなたが信じたときだけそれが現実になるということを。思考は意識の中をただ動きまわっています。それらには何の力もありません。あなたの手を伸ばしてその思考をつかみ、信念という力でそれを飽和させない限り、何も現実味を帯びないのです。

静寂に入る唯一の方法とは、自分との関係性の中にあります。あなたは何かを持ったままでそこに行くことはできません。何も持たずして行くことしかできないのです。あなたは誰かになることはできません。あなたは誰でもない無の存在だからです。そのとき扉はやすやすと開かれるでしょう。実はこの無であるということが、私たちにとってもっとも高い代償なのです。それが私たちのもっとも神聖なるものだからです。私たちは自分の考えや信念、心や肉体、意識や魂を捧げてそこへ行こうとします。そして最後に捧げるのが「無」なのです。私たちはこの「無」を手放したがりません。というのも、それがもっとも神聖なものだということを内側では知っているからです。無だけが静寂へと入ることができます。無だけが静寂と親しむことができます。それ以外のとき、私たちは本当はありもしない扉をドンドンと叩きつづけています。あなたが静寂に何かを求めると、あなたはふたたび静寂の外へと連れ去られてしまうでしょう。

静寂は静寂の前だけで姿を現します。私たちが無に入って無にとどまりつづけるときだけ、静寂はその秘密を見せてくれます。静寂の秘密とは静寂そのものです。だからこそどんな言葉も本も教えも、そしてどんな教師もあなたをその入口にしか連れていくことができません し、そこに入るよう誘うことしかできないのです。そして一度入ると、あなたは非常に強く静寂の存在を感じはじめるでしょう。それを体験すると、誰でもない自分自身として自らすすんでそこに入ろうとする自発的な何かが湧きあがってきます。それが聖なる招きです。内なる部分であなたは知っています。静寂こそが最後の究極の教師であり、教えであることを知っているのです。それはあなたに決して語りかけることのない教師です。静寂こそが、つねに私たちの人間性を謙虚に保ってくれる師であり教えなのです。他のすべての教えや教師とともにあるとき、私たちは自分が起きあがっていることに気づくでしょう。「アジャがあれこれ言っているけど、良さそうな話だぞ」と思い、「ゆだねる」という床から離れて立ちあがっている自分を発見するのです。そのとき私たちは、もっとも神聖で美しい人間性から離れてしまっているのです。

静寂とはもっともすばらしい究極の教師です。なぜなら私たちのハートが真に求めていること、つまり膝を正して座し、真実に自らを捧げるよういつでも迎え入れてくれるからです。静寂、それはつねに目の前にある教師であり教えです。あなたが目覚めたすべての瞬間に、あなたが生きているすべての瞬間に、あなたが呼吸するすべての瞬間に、まさにそれはあるのです。

9章 意識

CONSCIOUSNESS

たとえば木や岩、リスや車などの姿形をとって意識またはスピリットが現れるとき、それはさほど問題ではありません。しかしそれが「自分」という意識や認識となって現れるとき、かなりやっかいなことが起こります。つまり意識やスピリットが人間として現れるときのことを話しているのですが、このプロセスにおいて意識はたいていの場合、迷子になります。人間とは本来は目覚めた存在ですが、自己という認識を得るために意識へ支払われる代償というのが、ほとんどの場合は真の自己認識、すなわちアイデンティティの喪失なのです。

意識が形をとって現れることは問題ないのですが、それはやがて自分という意識になろうとします。そしてそのプロセスにおいて必ずといっていいほど、あなたが「間違い」と呼ぶことが起こるのです。あるいは間違いというよりは真の自己意識に至ろうとする進化の「中断」とでも言えるでしょうか。その中断が起こることで意識は自分自身を見失い、自分が創造した意識を自分だと思い込んでしまうのです。

意識が自分のことを忘れてしまうと、あらゆる誤解が起こりやすくなります。一番起こりやすい誤解というのが、自分がつくったもの、つまり人間としての自己を自分と同一視してしまうことです。それはまるで大海原に属することを忘れた波のようです。自分の根源を忘れ、自分が大海原の表面のちっぽけな波の一つにすぎないという忌わしい妄想に苦しむのです。そしてその妄想ゆえに、非常に表面的な体験だけを受け取るでしょう。もちろん、その妄想的な意識も自分のものですが、それは非常に制限された上っ面だけの意識です。自分をちっぽけな波と見なしたとたんに、真実ではない自己認識からあらゆる混乱が生まれるのです。往々にして真実でないものは苦しみをもたらします。苦しみや葛藤が生まれるたった一つの理由とは「無知」であり、その発端はとても無邪気な誤解から始まります。それはたわいもないはじまりですが、無邪気な誤解から生じる多くのことと同様に、さらに進んでいくと結果的には無邪気さとはかけ離れたものになってしまうのです。

そうした間違いを犯すことは人間にとってはごく自然であり、意識が人間を通して体験しようとする意識の進化の一部のようにも思われます。たとえば、あなたが自分の人間としての成長を振り返ったとしましょう。あなたは生まれ、幼少期と青年期を経て、そしてそこから卒業できるかどうかは別として、やがて大人になるでしょう。あなたは「僕は十歳のとき、かなりふざけた子どもだったけど、十七歳ではもっと愚かだった。そしてまあ何とか二十五歳から四十五歳になる頃には少し利口になったと思うよ」と言うかもしれません。人生を振り返ったとき、初期の成長過程の一時期や過去の出来事を、あなたが体験すべきでなかった過ちと見なすこともできます。しかしそれは事実の誤った解釈です。つまりそれらの過ちは、成長のごく自然な一部だからです。

幸いなことに、それは進化のプロセスにおける意識の中断にすぎません。人類がはじまって以来ずっとそうだったように、人間の営みとは、本当は単なる中断にすぎないのです。誰かが中断から目をさますとき——それが人間として意識が進化するということですが——その人が分離という中断を超えて成熟するにしたがって、子どもから大人になるように意識も進化していきます。そういう人を私たちは、解き放たれた人間と呼んでいます。

何から解き放たれるのでしょうか？　過ちから解き放たれ、偽りの自己認識と分離から解き放たれます。意識またはスピリットは、非常に狡猾で思慮深く、人間として多くの自由をもっています。自己意識のない生命体は、進化の速度を速めたり遅らせたりすることはできません。どんな速度でも、それに合わせてただ動くだけだからです。ところで人間という形の中で意識が自らに目覚めはじめるとき、それは他のどの惑星の生命体にも見られないような非常に面白い原動力となるでしょう。その力とは次のようなものです。意識が分離という幻想から目覚めるとき、その意識はよりはるかに膨大な感覚で自らを目覚めさせるために人間としての姿を利用することができます。たとえば自分が波ではなく大海だということに目覚めたとき、あなたは他の波が目覚める可能性を手助けするためのメッセージを伝えるよう波を使うことができるのです。

　意識が関与する共同作用により、人類の進化の速度はめざましく加速されるでしょう。それがある人間の中で目覚めたなら、他のすべての生命体の中に自然な成熟が起こるのを待つ必要はありません。その人間が他の人間とかかわることで、目覚めた意識が眠っている意識とかかわっていくからです。そして眠っている意識は、目覚めという非常に大きな意識の飛躍を起こしやすくなるでしょう。サットサン(5―2)において意識はそのゲームをします。それこそが起こっていることすべてなのです。

○

生徒　最後のリトリート(5―1)以来、私はある種の苦境の中にいます。ちっとも愉快なことではありませんが、私は長年抑圧してきた多くの痛みの感情を見ています。それらの感情を観察しては学び、燃やし尽くしてきました。それは決して楽しいことではありません。

アジャシャンティ（以下、アジャ）　それはあなたが期待したことではなかったのですね。

生徒　そうです。私はあなたの指示通りにしたのです。自分の中の絶対大丈夫だということを知っている自分を見つけたのです。そしてその中に一〇〇パーセントの信頼をもって飛び込みました。ところが私は、すべてが本当に大丈夫というすばらしい感覚とパワーを見つけると同時に、今も湧きあがりつづけている怒りや悲しみといったおぞましい感情も見つけてしまったのです。私は今、以前よりもましな場所にいるのですが、ある意味で共時性を超えてしまったことに気づいたのです。まるで変声期が始まったばかりで、そのときどきで声が変わる不安定な十代の少年のように揺れ動いているんです。過去において、私は時計を必要としませんでした。自分が早かろうが遅かろうがかまいませんでしたし、いつもすべてが完璧であるかのようにぴったりの時間に到着することができたのです。そして何かが起こると、それが起こった理由を即座に理解し、その状況の中で自分がなすべきことや、その場のみんなにとってどんな意味があるのかを理解しました。つまり私には出来事の全容が見えたのです。

しかし、そうした共時性が今は起こらなくなってしまいました。ポジティブな感情やエネルギー、信頼は今でもそこにあるのですが。もしもあなたがより良い場所に行ったことがあって、その後、しばらく逆境にいるとしたら、きっととてもつらいだろうと思います。だってもとの場所がどんなにすばらしいところか知っているのに、そこにいることができないのですから。このぶざまな十代的局面を体験している私に何かアドバイスをいただけませんか？

アジャ　まずたいせつなことは、今の状況を明確に理解することです。私たちは非常に深遠なる境地へと至ることができますし、それは自由ですばらしい体験です。しかしその後でよく起こる過ちとは、共時性やその他のすばらしい体験が起こらなくなったときなのです。私たちは何かを失ってしまったと思うのです。実のところ、それはめったに検証されることのない特殊な解釈です。

　実際に起こっていることは成長段階を経ていく人間の体験とよく似ています。あなたが十二歳半ばをすぎて青年期へと移っていくときの体験を思い出してみてください。あなたはまだ青年期に達していませんが、子ども時代を後にしようとしています。子どもの頃に魅力的に思われたものは、もう自分のもとを離れていってしまいました。以前、楽しかったことが今ではあまり楽しめなくなってしまい、だからといって人生を楽しむ新しいやり方を見つけたわけでもありません。もしもそう呼ぶことができるなら、過ちを犯しやすい不安定な年代とも言えるでしょう。その当時のことをあなたはかなり明確に理解して振り返ることができるはずです。あなたは子ども時代からこぼれ落ちたわけではなく、そこから巣立ったのです。成長して大きくなると、あなたは後ろにそれを残して離れていきます。それがあなたの学んだ生き方なので居心地が悪くても仕方がないのです。そしてあなたはまだ完全に青年期に移行できてはいないのです。青年から大人への移行でも同じことが起こるでしょう。居心地が悪いかもしれませんが、どこも間違ってはいないのです。振り返ってみると、こうしたことは成長の段階においてよく見られることです。あなたは子ども時代から脱落したのではなく、卒業して青年になったのです。

あなたはとてもすばらしい場所にたどり着くかもしれませんが、もしもそれが完璧な絶対的な真理の場所でなければ、最終的にそこから出ていくでしょう。あなたはそこで快適だったし、新しい居場所がまだ見えてこないので、そこから旅立つのはいやなのかもしれません。そのときよく起こりやすい勘違いが、その世界に収まりきれなくなったと考える代わりに、そこから脱落したと考えることです。誰もが成長するにしたがって、初期の人生のステージから巣立つときがやってきます。そのとき自分がそこから卒業したと見る代わりに自分が脱落したと見ると、そこを離れるのがずっと困難になります。それら二つの見方はまったく違うものだからです。片方の見方では、あなたは以前の世界を振り返ってしがみつこうとしていますが、もう一方の見方では、あなたは肩越しに振り返りながら、すばらしい体験としてそれに「さよなら」を告げています。あなたにもっと成熟した何かがやってくることを知っているからです。
あなたが自分の体験に与える解釈がいかに重大かを知るための手助けとしてその例をあげましたが、マインドの条件付けによる解釈はいつも決して正しくないことが分かるでしょう。誤った解釈はより多くの苦痛を生み出し、実際に必要とされる以上に大きく何倍にも困難を膨らませます。でも真実を知ったなら、あなたは後ろを見て自分がかつて所有していたものにしがみつくのをやめるでしょう。そしてあなたが向かおうとしている未知の世界に、より興味を抱くはずです。あなたのすべての注意を前に向けましょう。他の何でもなく、それがあなたにできる最善のことなのです。

生徒　ネガティブな感情があまりにもたくさん見えてきて限界を感じるまでは、私はそうしていたと思います。こんな状態で何か月もの間、前を見つづけることは困難です。

アジャ　いいえ、あなたは前を見てはいません。私が言っていることと食い違っているようですね。ほとんどの人々がそうですが、何か良くないことが起こるとレーザー光線のようにすべての意識をそちらへと向けてしまいます。あなたが絶望しているとしましょう。たいていの人は膨大な体験の一部にすぎないそこに全意識を向けるので、たくさんのことが問題に感じられ、それがあなたの体験のもっとも重要な部分のように思われてきます。というのも、マインドがそれに焦点を合わせることを選び、たくさんある体験の中でそれだけが現実であるかのように見せているからです。

生徒　ネガティブな感情が私という存在のほんの一部にすぎないことは分かりました。私が以前はそれらを決して見ることができなかったことも明らかです。それらは生まれても意識される前に批判されて辺境へと押しやられていたからです。しかし、それらはなくなってはいませんでした。それらは抑圧されたままそこにあったのです。

その後、それらの感情が葬られる前に意識がそれらの存在に気づきはじめました。判断されて無意識に押しやられる前にそれらを認識できるようになったのは新しい学びでした。では、どうやって困難な感情が上がってくるのを許しながら、それに取り込まれないでいられるのですか?

アジャ　この壁に黒い点を描いたときのようなものです。それらの点は二、三センチ程度の大きさで七センチから一〇センチほど離れて描かれ、壁全体が黒点で覆われているとしましょう。私たちが部屋の中に入ったとき、最初に目に入るのが一面の黒い点ですよね。「神よ！この壁は黒い点だらけだ！」と驚くでしょう。しかし実際には黒い点よりも白い壁のほうがずっと多くあります。それらをピンくらいの小さな点にしたとしても、私たちは点に気づいてこの壁が点で覆われていると考えますが、本当は点よりも空間の方が広いのです。どうしても点の方に私たちの認識が集まってしまうのです。

目覚めが起こりはじめると、抑圧されていたすべてが浮かびあがってきますが、意識はその周辺でちぢこまる傾向があります。もちろん意識がのんびり休息しながらすべてを全体として見る代わりに、それをしはじめたらたいへんなことでしょう。たしかにたくさんの抑圧が浮かびあがってきていて、あなたはそれに気づいています。それらを浮上させているのです。だからといって、あなたが浮かんでくる感情の一つ一つをちぢこまらせなければならないという意味ではありません。ちぢこまるとは、ちょうど壁全体を見渡しながら壁の点にも目をやるのと同じです。その壁には点以上の空白があることに気づいてください。点を無視してはいけませんが、背景を無視してもいけないのです。

生徒　良くないことにだけに意識を向けなければ、抑圧されつづけることはないと信じるべきだということでしょうか。ごく自然にそうなると信じなければなりませんね。

アジャ　その通りです。感情を抑圧するには、あなたが共犯者として手引きしなければなりません。それこそあなたがいつもしてきたことだったのです。あなたがそれらの感情を封じ込めてきたのです。しかし今あなたは、それらが上がってくるのを見ていますよね。あなたがすべきことは「ああ、それらは意識に上がってきている」ということに、ただ気づいてあげることです。抑圧しないというのはそういう意味なんです。

生徒　それらが消えてなくなるまで待って見ている必要はないのですね。それらの感情に気づいても、ただそれらの行く末を信頼して放っておき、他のことに注意を向けてもかまわないのですね。

アジャ そうです。するとすべてはふたたび調和します。しかし私たちは抑圧された感情が上がってくると手荒に扱ったり下手にいじくりまわすか、あるいはたいていの場合、顕微鏡でのぞき込むようにそれを見ようとします。

生徒 そしてその感情がいなくなるのを確認するまで見届けようとするのですね。

アジャ そう、なぜならあなたは、その感情がそこにいるべきではないと決めてかかっているからです。それがいなくなって安全で快適だと感じられるまでは、それを見ようとしてしまうのです。

生徒 もしも私がネガティブな感情を見なければ、それらは以前のように私を苦しめつづけるだろうという憶測からでしょうか。でも、今の私はそういう見方をもう二度としないと知っています。それらの感情に気づいても、ただ自由にさせてあげればいいのですから。

アジャ ええ、抑圧された感情が意識から湧きあがって意識へと帰っていくのを見守るだけでいいのです。それらはすべて一時的なもので、個人の感情を交える必要のない客観的な出来事です。それが美点なのです。

あなたが自分を意識だということを知っていれば、そこには何の抑圧もなく執着もないでしょう。あなたを青空にたとえてみましょう。あなたは雲を押しのける必要もなければ、あなたのもとを去らないよう雲を握りしめる必要もありません。嵐が来て稲妻が天を裂いて大混乱が起こったとしても、空本来《そら》は決して影響を受けません。空《そら》が自分を空《そら》だと覚えている限り、それはあまり問題ではないのです。

ところがいとも簡単に無邪気な勘違いが起こります。映画館で映画を見ているときに、突然映画の登場人物たちが現れて、あなたがスクリーンの中に招き入れられるのと似ています。映画の中で起こったことすべてが自分に関連しているように思われ、あなたは自分を登場人物だと思い込んでしまうのです。そしてあるとき目覚めたあなたは、突然のように気づくのです。「ああ、私はポップコーンとコーラを手に映画館にいたんだ。私はここで映画を見ている。自分が映画の中にいると思い込んでいた時間はすべて思い違いだった。すべては現実だと思ったけど間違っていたんだ」。意識も同じような勘違いをします。それは人間と呼ばれるものに自らを投影し、自分が創造したものにあまりにも魅了されすぎて自分を見失うのです。

生徒　目覚めた意識では、私は自分が人生という映画を見ていることをたしかに知っています。しかしその中から抜け出すことができません。いつのまにか映画の中にいるような気分になるのです。私は椅子に座っていると知っていますが、その知識と感覚がうまく折りあわないのです。

アジャ　あなたが思うことや感じること、つまりあなたの感覚が必ずしも本来のあなたを表すものではないということを学ぶための成長のプロセスの一部としてそれは起こっています。

生徒　自分の感覚を信頼しないということを学ぶためですね。

アジャ　あなたが自分について感じることや思うことは、本来のあなた自身とは何の関係もないということです。ですから、あなたはあなた自身、つまり無でありつづければいいので す。そしてあなたの抑圧された感情が浮上したら、ちょっと意識するだけでいいのです。気づかないふりをしたり、トランス状態には入らないでください。また批判もしないでください。あなたの中で浮かびあがりたがっているものを、どうか浮かびあがらせてください。すべての仮説や解釈、古い物語に疑問をもってください。厳しく抑えつけることも甘やかしもせずに、ただじっと静かにいて問いかけ、意識を保ってください。

幻想にとらわれないためには、私たちが考えたり感じたりすることの照合をやめることがたいせつです。またポジティブな思考や感情を照合するのもやめることが大いなる叡智の一つです。私たちはネガティブなものを手放すのは大歓迎ですが、至福感や恍惚感、喜び、真の神性の解放など、私たちがスピリチュアルだと感じている感情については、「それが私でなければどうやって私だと分かるの？　とっても気分がいいからそれは私に違いないわ。私は至福や恍惚感、喜びを感じている。そうやって私は自分という存在や自分が安全だということを知ったのだから」としがみつこうとするでしょう。しかしそのときあなたは、まだ感覚的認識の主になっています。あなたが自分は誰かという感覚的認識の主となるならば、いつかその感覚が別な側面としてネガティブな顔をのぞかせるのは時間の問題なのです。そしてそのときあなたは「罠にはまった！」と叫ぶのです。

ネガティブな認識だけでなくポジティブな認識をも手放すことを理解するのが成熟の一部です。あなたが誰でどんな人物かという、あなたについて語られてきたすべての枠組みを手放さなければならないのです。そのとき、この肉体とマインドの体験がたとえどんなものであっても、それらすべての体験を受け入れる意識の空間こそがあなただと知るのです。その体験が何であるかはまったく問題ではありません。あなたが手放せば手放すほど、肉体をもった意識は幸福感によってその叡智を反映させるでしょう。しかしあなたが良い気分や幸福を感じているとき、それらの良い感情と自分を同一視してしまう罠に陥《おちい》りやすいのは確かです。それらの感情が自分のことを言っているという誘惑に負けたとたんに、あなたがふたたび分離という罠にとらわれるのは時間の問題なのです。

マインドは地に足をつけ、固定された自己認識をもつことを望みますが、あなたの本当の自由とは、固定されないことによってのみ可能になるでしょう。それが真の成熟であり、本当に深い啓示を体験したスピリチュアルな人々が直面するもっとも困難なことの一つです。というのも、すべての体験や自分に関する概念を手放すために必要とされる「ゆだねること」を受け入れなければならないからです。どんなにすばらしい啓示の最中でさえも、必ずと言っていいほど「私はこうだ」とつねに主張する何かがあります。そのたびに、あなたは、新たな感覚的認識や思考や感情を主張しつづけてきたのです。

最終的にあなたが十分な目覚めの体験を経たとき、マインドはより深いレベルで受け取り、完全に手放すことができるでしょう。マインドが手放し、あなたが自分のことを定義したり説明したりできなくなったとしても、あるいはそんなことを考えることさえなくなったとしても、あなたはつねに自分が誰かを知っています。あなたはただ存在することによってそれを知るでしょう。それが偽りの自己認識と分離感の最終解放なのです。

○

生徒　あなたは個人的な側面を手放すことについて話してきましたが、それは瞑想についても言えるように思われます。瞑想の中で、私は自分が目覚めている場所に至ります。しかしそのとき、私は何にも意識が向かないので「私が気づいていないものとは何なのだろう?」と自分にたずねます。そのとき私のマインドは語りはじめます。ですから瞑想は、どんな思考ももたないということは自分のままでいられる場所だということを知るための手助けになっています。

アジャ　その場所にいようと努力する必要さえありません。というのも、あなたは実はいつもすでにその場所にいるからです。そう気づいているかもしれないし、気づいていないかもしれませんが、たった今あなたは目覚めています。深い瞑想に入ったときと同じくらい今も目覚めているのです。その目覚めとは、あなたが私の話し声や他のことに気づいているのと同じくらい明らかです。それは完成された全体であり、決してそれ以上にもならないものです。それはそこにすでにあるのです。だからすべての真のスピリチュアルな教師たちは、あなたはすでに目覚めているのにそれを知らないだけだと言うのです。

そこで「どうやって私はそれを知ることができるのか?」という疑問が生じます。そのとき、あなたは自分に関するすべての仮説に疑問を投げかけることを始める必要が出てきます。私たちは自分が誰でどんな人間かということに関して、あまりにも多くの仮説をもっていますが、その質問を投げたとたんにそれらの仮説はすぐ粉々に砕け散るでしょう。あなたは自分が誰でどんな人かを知らないという境地へ至り、最終的に私たちは誰一人として自分が誰かを知らないという確信をもつことになるのです。

あなたが自分自身を定義するたびにそれがただの概念にすぎず、ゆえに偽りだと気づくようになるでしょう。マインドは他に行くべきところがなくなって立ち止まります。もちろんその停止さえ、あらかじめ練習することはできません。なぜなら停止の予行演習もまた、ただの偽りだからです。その停止とは、啓示と叡智と理解の当然の帰結として起こるでしょう。それはテクニックではなく、だからこそ叡智への道のりなのです。マインドが自らの限界に気づいたとき、それは停止します。ごく自然なことなのです。マインドが幻想の中でもがき苦しんでいるときだけ、自分自身を見つけ出そうとしてマインドは活動しつづけます。そしてマインドが自分を見つけることができないと知ったときマインドは止まります。なぜなら、もう何も打つ手はないとマインドが知っているからです。

「マインドの停止」とは、あなたの頭の中を何の思考もよぎらないことではありません。それはマインドが現実を解釈することをやめてしまうということです。そのとき、あなたは歪みのないまっさらな現実とともに取り残されるでしょう。それは自由を解き放ってくれる深い体験です。偉大なる重荷の解放でもあります。あなたの思考が頭をよぎるのをやめさせる必要はなく、何も変える必要もありません。あなたのマインドがすべきことは、それらを見て「本当の自分とは何だろう？」と疑問に思うだけでいいのです。その質問について思うことが、あなたを思考を超えた場所へと導いてくれるでしょう。
たった今、「私は誰だろう?」と自分にたずねてみましょう。最初にあなたは何を知るでしょうか?

生徒　私が最初に知ることですか?　私とは、自分が自分に付与している定義だということを知ると思います。

アジャ　あなたは自分の真実を知らないということですか?

生徒　はい。

アジャ　あなたは知らないということを知っています。それは驚くべき真実のひらめきです。それはほとんどの場合、いつも見逃されている真実です。なぜなら、誰もが自分が誰かをたしかに知っていると思い込んでいるからです。たった五分前のあなたはそんなことを考えもせずに、自分が本当は誰かを知っているつもりでふるまい、行動していたかもしれません。人間が知ろうとする代わりに質問できるということ、そして自分は知らないと真実を告げることはとてつもなく重要なことです。それはカーペットの下に覆い隠された大いなる真実なのです。「私は自分が誰か分からない」と気づくとき、あなたの足元にある人生の基盤全体が突然確かなものでなくなってしまうのです。

未知の世界に足を踏み入れたあなたは、何の間違いも犯してはいません。あなたは知ろうとするべきではありません。なぜなら、それはあなたを終わりのない堂々めぐりのマインドの世界へ連れていくだけだからです。真の自由とはマインドを超えたものです。そして未知の世界に到達したあなたは、実際には自由の門の前にいます。あなたがすべきこと、それは知らないという事実に深く入っていくことです。私たちは意識的であれ無意識であれ、自分が知らないということを確かめながら人生を送っているのです。それが私たちの全体験なのです。ところで、知らないという体験とは何でしょうか？　知らないというのは、本当はどんな感じなのでしょうか？

生徒　分かりません。しかし自分が知らないと思うことはすばらしい気分です。

アジャ　あなたは今、質問に答えましたよ。とてもすばらしい気分だという答えですね。「私は知らなければならない」というマインドの慌てふためいた声を聞かずに、どんな感じがするかにただ真っすぐ向きあうならば、真っ先にとても気分が良く、とても自由だと感じるはずです。知らないということは大きな安らぎです。というのも、あなたが自分だと思い込んでいたあなたが、すべての問題を生じさせていたのですから。それがあなたのすべての重荷の運び手だったのです。では、「もしも自分が間違っていたとしたら？」という質問にすべては集約されるでしょう。あなたは浮き浮きした気分になりませんか？

生徒　私は泣きだしたくなりました。とてもすばらしい気分です。

アジャ　すばらしい！　そこにただいてください。あなたの意識をただそこに置いてください。あなたがすべきことはそれだけです。「知らないとはどんな感じだろう？　ああ、それはすばらしい気分だ」という境地にあなたを置いてください。あなたは知ることによって知ることはできません。あなたは知らないことによって初めて知るのです。あなたが知っていることすべてからはるか遠くに離れ、より深く潜りつづけていくことでマインドを超えることができます。そのとき閃光がひらめき、あなたは知るでしょう。

生徒　知らないことが大好きになるという罠にはまりそうです。

アジャ　あなたは理解していますね。知らないという場所でただくつろいでください。それは矛盾をはらんでいます。あなたが知らないという世界に憩えば憩うほど——それはマインドにしがみつかないということですが——あなたは知っているという確信に満ちた体験をするでしょう。それはひらめきとともに来るのです。

　数多くの人生において、私たちは自由の扉の目の前でダンスを踊ります。私たちはドアマットの上をつま先立ちで回転しますが、本当の自分が誰かを決して知ることはできません。ところでカチッという音とともにそのノブをちょっと回すだけで、あなたは知ることができます。それだけでいいのです。とてもたやすいことです。それは困難を伴うものではありません。私たちはどこへ行くべきか知らないだけなのです。行き先を知ってそこを目指す勇気さえあれば実に簡単なことなのです。未知の世界へ行って未知を体験して未知と一つになりましょう。すべての真の知識とは、未知なる世界の内側から目をさますのですから。

10章 深み

DEPTH

スピリチュアリティとは二方向からのアプローチが可能です。一つめはもっとも一般的な方法ですが、マインドの水平的な動きを通してのアプローチです。水平的動きとは、マインドが情報を集めながら行ったり来たりすることです。たとえば、びっしり落書された壁の前にマインドがたどり着いたとします。その壁にはあらゆる種類の教えや実践法、すべきことやしてはいけないことが記されています。そのときマインドは壁沿いに水平に動きながら、より多くの情報を習得して蓄積しようとします。左に行ったり右に行ったりして信条や理論、情報などを集めるのです。あなたはそんなふうにマインドを働かせている人々に出会ったことはないでしょうか？　それらの人々は情報を集めるためにマインドを水平方向に働かせながら壁の下のほうを横切るように動いています。それがマインドの働き方です。多くの人は自分自身の精神的・霊的な成長の手助けになることを期待しながら、さまざまな情報を集めようとして水平に動いています。しかし真理とは知識の問題ではありません。それは目覚めの問題なのです。

私たちは同じようなことを感情面でも行っています。私たちは体験を集めようとして水平方向に歩くのです。良い体験もいやな体験もあわせもつ平凡な日常生活がありますが、スピリチュアリティの世界に飛び込むとスピリチュアルな体験が起こりはじめます。マインドはこんなふうに考えるでしょう。「私が十分な情報を集めたなら、そのとき何かが起こり、どこかへ導かれるはずだ」。マインドが水平方向に動くことで、より多くの知識が得られるように、より多くの体験が得られることは確かです。しかし自由や真実を得ることはできません。

マインドと肉体と感情は、この「蓄積」と呼ばれるゲームをします。「これはあれと比べてどうだろうか？　それはこれと比べてどうだろうか？」といった一つの概念的知識をもう一つの概念的知識と比べては品定めをするのです。私たちは自分の体験を他の人の体験と比べるのが好きなのです。「あなたは何を体験しましたか？　あなたはどうです？」「私はそれを体験していませんが、こんなことを体験していますよ。あなたは何を信じていますか？」という具合に。

そのとき私たちは心の中で「これでいいのだろうか？　これが正しい体験なのだろうか？

私はその体験をしたことがあるだろうか？　私はなぜ、その体験をしていないのだろうか？」と考えます。肉体もマインドも、より多くの体験や技術やその他のものを集めたがるのです。

マインドと肉体は古いパターンを追い求めながら事実や技術、信条、体験を集めて水平に動く傾向があります。大半の人々はこうして日常生活を垂直方向にではなく水平方向に動いて送っているのです。そして人々はその動きをスピリチュアルな生き方にもあてはめようとします。しかし、どんなにたくさんの知識や体験を水平方向にため込んだとしても何の意味もありません。情報量は偉大なる深みにはかなわないからです。

さて、皆さんは私の言葉が何の役にも立たないことに気づいたかと思います。あなたのマインドが何かを吸収してそれを知識として蓄積しようとも、それによってあなたはさらなる深みに至ることはできません。決してありえないのです。確信をもって確率はゼロと言いましょう。それはあなたをさらなる水平の動きや知識へと連れていきます。それがあなたの欲しいものかもしれないし、そうではないかもしれませんが。ところで、あなたがマインドの限界に気づいたときマインドは武装解除を解くでしょう。なぜならマインドがやれることがほとんど何もなくなってしまうからです。

ここに知識という壁を越えた世界への招待状があります。それはマインドが立ち働く以前の退行世界ではなく、マインドが行くことのできる場所をはるかに超えた超越の世界です。

それがスピリチュアリティの世界であり、マインドが踏み込めない場所なのです。

あなたが壁の前にいるところを想像してみましょう。その壁に扉が現れたとします。あなたはその扉を開け、その壁を通りすぎようとします。さらなる深みへ行くためには、その壁を後にしてさらに進んでいかなければなりません。あなたがちょっと後ろを振り返りながら壁に片手を触れたまま足だけ進もうとするならば、そう遠くへ行くことはできません。ですから、あなたが深さを超越して非常に深い場所に行きたければ、マインドを手放せるかどうかに直面するでしょう。マインドはこう告げるかもしれません。「私は少しずつ手放そうと思う。ポケットにたくさんの知識を詰め込んでね。だって旅のどこかで私の知識が必要になるかもしれないから」。そしてたくさんの質問を始めるでしょう。「これは安全だろうか？賢明な方法だろうか？　私は愚かなことをしようとしているのだろうか？」。まるですべての叡智は知識の集積の中にあるかのように。感情面でも心理面でも、人々は自分の知識の集積をすっかり超えた世界に至るとき、非常に不安に陥《おちい》る傾向があるのです。

真の知性や卓越した知性がある場所において、マインドはその深さをうかがい知ることはできません。それは思考や概念的理解が生み出した世界ではないからです。また思考や習得されて蓄えられた知識という形を超えてあなたのもとにやってくる叡智をマインドは見抜くことができません。

真のスピリチュアルな衝動や切望とはマインドを超えた世界への誘いです。だからこそ「神のもとに行くとき、あなたは何も持たずに全裸になるか、あるいは行かないかのどちらかだ」と言われるのです。それはすべての人々に言えることです。あなたは蓄えた知識をすべて手放して行くか、あるいは永遠にそこに入ることができないかのどちらかなのです。理知的なマインドは自らの限界を知っています。そしてそれに気づくことはすばらしいことなのです。

すべての知識への執着をやめるとき、あなたは違う存在の在り方へと入っていきます。あなたは違う次元へと移りはじめるのです。あなたが移行するその場所は内なる体験のとても静かなる世界です。その世界の背後ではマインドがいまだにおしゃべりしているかもしれませんが、もう頭の中のおしゃべりで意識が妨げられることはありません。それにマインドのおしゃべりを止める必要もありません。あなたの気づきの意識はその知識の壁をすっと飛び越えていって、とても静かな状態に入っていくでしょうから。

静けさの中で、あなたは自分が何も知らないことに思い至ります。なぜなら、あなたは知識の蓄積のためにマインド越しに振り返ってはいないからです。マインドにとってはその静けさこそが神秘です。それは未知の世界なのです。深みに行くにしたがって、あなたは偉大なる神秘とも受け取れるようなより深い体験へと入っていきます。そのときマインドがしゃべり出て起こっていることを知りたがり、すべてのことを説明しようとしはじめるかもしれませんが、それはさらなる深みを招き入れる結果にはなりません。あなたがコントロールを手放してゆだねるときだけ、あなたの前に神秘は開かれるのですから。

習得した知識を脱ぎ捨てるということは、あなたに馴染みのある自己という感覚を脱ぎ捨てることです。その自己という感覚は知識と体験の蓄積の中でしか存在できないものだからです。あなたがそれらすべてを脱ぎ捨てるとき、とても興味深いことが起こります。なぜならそれはあなたの記憶を脱ぎ捨てることであり、あなたの自分に関する自己概念や両親に関することやあなたが信じて思ってきたことすべてを脱ぎ捨てるプロセスだからです。昨日という過去はもう過ぎ去ったのです。そのときあなたは、とても興味深いことに気づくでしょう。あなたはそれらすべてを脱ぎ捨てても、それでもあなたとして今この瞬間に存在しています。そしてあなたという存在が神秘そのものになるのです。

あなたが自己概念を手放しても自分でいられると気づいたとき、あなたの中の思考が本当のあなたではないことが分かりはじめるでしょう。言葉を変えると、あなたという存在について思いをめぐらせていないときのあなたとは、いったい何者なのでしょうか？　あなたが疑問に思うべきではないと考えているような事柄、たとえば「私は人間、私は女性あるいは男性、私は誰かの娘や息子」といったことも含めたすべての意識や思考を手放したあなたとは、いったい誰なのでしょうか？　あなたが自分という存在について考えるのをやめたとたんに、それまでの自分自身がいなくなってしまうことに気づくはずです。そんなふうに「私」という存在が消えてしまい、自分がふたたび考えはじめると同時に姿を現すものだとしたら、それはどの程度本物だと言えるのでしょうか？

その気づきを得た瞬間、あなたはすでに知識の集積の壁を越えたところへ移行しています。あなたがその瞬間を再定義したり、ある概念の枠に押し込めようとしたり、あなたという存在を思い起こそうとしなれば、あなたという存在は本来の姿を現しはじめます。本当のあなたが目覚めはじめるのです。真の「私」という存在は信じられないほどの空《くう》です。あなたが自分だと思っていたものとはかけ離れたものなのです。何の制限もありません。どんな説明もあなたという存在を表すことはできません。そこにあるのは無限の意識であり、どんな言葉でさえ真にそれを言い表すことはできないのです。

真実のあなたという存在は、どんな概念もあてはめることができません。あなたは空《くう》であり、透明な意識の広がりなのです。そこにはインナー・チャイルド[10-1]もいませんし大人もいません。あなたという自己意識は、あなたがそれを思うことで存在させない限り、どこにもいないのです。意識は私たちに肉体があるのを知覚することはできますが、それが私たちの問題の源ではありません。問題とはマインドが後から付け加えたものなのです。

その空《くう》の中であなたは「在る」という体験を味わいはじめます。それはあなたが何者かになる以前の在り方であり、生気にあふれて目覚めた神秘の在り方です。それを存在せしめるためにマインドの呪文を必要としない唯一のものがそれなのです。その目覚めた存在になろうとして考える必要はまったくありません。あなたに関することは、この透明な意識という事実以外のすべてが変化します。肉体は変わり、マインドも変わります。思考も、大半の人々が好もしく感じる以上にすばやく移り変わります。あなたがどんなに多くの知識を身につけたとしても、その知識はあなたをその場所へより早く案内してはくれないのです。「在る」とは唯一変わらないものであり、つねに目覚めている状態なのです。

ここでマインドの知識の側面に話を戻しましょう。あなたの本質とはこうあらねばならないという事柄について、マインドはありとあらゆるアイデアをもっています。なぜなら、あなたはそれについてたくさんの本を読み、スピリチュアルな教師たちが話をするのを聞いたからです。こうして真理にまつわる神秘の物語が創造されたのです。もちろん、それが本当ではないと気づくことはかなりの衝撃でしょう。でも、あなたが自分に関して何を思ったとしてもそれは本当ではありません。あなたのアイデンティティがとても神秘的でスピリチュアルで別世界のように魅力的だとしてもそれは真実ではないのです。

あなたがため込んだ知識を手放すことによって、「私という自己」から「無私の自己」へと自己認識のシフトが促されます。スピリチュアルな目覚めとは、そのシフトが起こることなのです。しかし、だからといってあなたが知識を使ってはいけないという意味ではありません。あなたが必要なとき、知識はいつでもそこにあります。あなたは知識の中にちょっと浸ってコンピューターの使い方を教えてもらうこともできますし、その他の便利な事柄に役立てることもできるでしょう。あなたの偽りの自己以外の何も失われはしないのです。あなたは愚か者にもなりませんし、自分が思っていた自分とは違っていたという理由で靴ひもの結び方を忘れたりすることもありません。しかしマインドはそれを怖れています。悟りへ至るための最大の障壁とは、それに関するあなたの思い込みです。というのも、あなたの思考は目覚めた状態をイメージしようとして、あなたの蓄積された知識から生み出されたイメージを見ているからです。あなたが真の自己についてどんなイメージを抱いたとしても、そのイメージは真実ではありません。あなたが内なる深みに至るとき、そこにあるものを体験としてたやすく理解することができるようになるでしょう。まさに今ここにあるもの、それが永遠の意識であり、透明なる輝きを放つスピリットなのです。

マインドからでも論理的推論からでもなく、あなたの直接的な目覚めを通してそれを一度でも深く認識したとき、すべてのことがずっとシンプルになります。あなたの概念的知識の世界がふさわしい居場所に置かれたとき、それは超越されるでしょう。あなたは女性または男性の姿をしてさまざまな性格を有した自分が、実は永遠の意識であることを知っています。

すぐれた役者と同様に、あなたは見えているあなたとは違う存在だと知っているのです。この世に存在するものはすべて透明なる意識であり、または神や大いなる自己やスピリットが姿をまとったものです。それが見えるようになると、あなたはすべてがひとつだと知るでしょう。神だけが存在します。それがすべてです。神が花や人間の姿をとり、壁や椅子という物にもなるのです。

どんな知識も真理に関する教義も、あなたという永遠の存在に触れることはできません。そしてそこへ至る方法を示したどんな教えも真実ではありません。なぜなら、ある人をそこへ導く方法が別の人をそこへ導くとは限らないからです。唯一の真理の道のりを探すことが好きなマインドにはそれを見つけることができません。もちろん、マインドはそれをいやがるでしょう。「正しい方法がないだって？　詰まるところ真理について言われたり書かれたりしたことが何一つとしてないというのが真実なの？　もっとも覚醒した人々でさえ真理を語ることができないというのだろうか？」と。

ええ、真理は決して語られてきませんでしたし、これから先も語られることはありません。あなたにできるのは、せいぜい「あっちのほうをごらんなさい」と記された壁を指し示すことぐらいです。偽りの精神世界の道標は、壁を指して「これを見なさい」と告げるでしょうが、真の道標とは概念という壁を越えた世界への方向を指し示すのです。

それらの指針は多かれ少なかれ真理を含んでいますが、どんな説明も言葉を超えた世界を言い表すことはできません。真理を表す言葉は何一つとしてないのです。あなたが壁を越えたとたんに、つまりあなたが本当のあなたという存在になるとすぐに、どんな言葉もあてはめられなくなるでしょう。だからこそ多くの偉大なる霊的な指導者たちが「何も知るべきことはない」と言ったのです。自由になって覚醒するためには、何も知るべきことはありません。また何かを知っていると考える限り、あなたに悟りは訪れないでしょう。自分が何も知らないことを知り、知るべきことが何もないと知るとき、存在だけがある世界であなたは悟りの境地へと至るでしょう。ワンネスの世界でいったい人は自己を何と思うのでしょうか？「私はあれであり、私はこれである」。聖書の中の「我は在る」という言葉と同様に、それは真の目覚めた知識です。それ以外の知識は二番煎じにすぎないのです。

　意味や目的を与えられて使われる知識はまったく実利的なものにすぎません。そのような見方を始めると、あなたは自分の体験としての真実を追い求めることをやめてしまうでしょう。あなたという存在の中の真実を追い求めてください。本当の自分に出会うとき、あなたは他のすべてのものの真実にも出会うでしょう。すべてはひとつです。知るべきことが何もないことを知り、あなたの意識の焦点を思考から存在へとシフトするだけでいいのです。

　誰もが卓越した叡智のブレイク・スルー(10―2)を体験したことがあります。ある問題に頭をずっと悩ませていたあなたが、あるとき考えるのをやめたとたんに、「ああ、そうか」と突然のようにひらめきを受け取ることがありますが、それはどこから来るのでしょうか？　叡智のブレイク・スルーが起きたのです。日常の取るに足りない小さな思いつきのこともあるでしょう。マインドにはひらめき現象として記録されるかもしれませんが、それは思考の産物ではありません。それは存在という世界からやってきました。存在という世界には偉大なる叡智があります。私たちはその叡智の取り扱い方に慣れていないので、ほんのときおり起こるその啓示のようなひらめきに驚くかもしれません。でも、実はあなたという存在はいつも叡智と向きあっているのです。

相対的な真実はたくさんありますが、マインドから生まれるものは何一つ真実ではありません。マインドにとって、もうやみくもに努力する必要がないと知ることは何という安らぎでしょうか。スピリチュアルな見方をすると、そのとき「知る」ことから「存在する」ことへとあなたの方向性が変わるのです。

［訳注］
10―1　**インナー・チャイルド**　幼少期の傷ついた体験から生まれた私たちの「内なる子ども」。
10―2　**ブレイク・スルー**　一般的に、それまで障害や障壁となっていた事象の突破や解決。

11章 エゴ

E G O

エゴとはスピリチュアルな世界における無実の罪人です。私たちは自分の人生に起こったことを非難する相手がどこにもいないので、エゴと呼ばれる概念をつくりだして生贄《いけにえ》として捧げたのです。ところが実際にはエゴは存在しないので、それが大きな混乱をもたらしています。それは単なる概念の産物であり、私たちの自己という感覚に執着しがちな性向に貼られたラベルにすぎません。

エゴが単なる概念であり、実際には存在しないものと考えると、多くのスピリチュアルな人々がエゴのあらゆる属性をなくすべきものとして非難するのは不公平だということが分かります。彼らは自分自身の内側で生まれてくるもの、たとえば感情や思考、反応や苦悩などがエゴの存在の証《あかし》だと、つまりそれらが生じるのはエゴのせいだと誤解し、それらすべてがエゴの存在を指し示していると考えているのです。そうした感情や思考が証明され、または証拠となってエゴの存在が裏付けされていますが、決してエゴ本体を見つけだすことはできないでしょう。

エゴを探してほしいと誰かにお願いしても、本当にそれを見つけることができる人はいません。エゴはそこにいないからです。怒りの思いや感情は、「ああ、これは私のエゴだわ。これをなくさなければ」とあなたのエゴに関する思い込みを刺激します。すべての人間の中でもとりわけ精神性や霊性に興味を抱いている人々の間では、それらのネガティブな感情は全滅させるべきエゴという存在を証明するものとして見なされますが、いまだにエゴを見つけた人は一人もいないはずです。とはいえ、かつて私はエゴを見せようとした人物に出会ったことがあります。そのとき私はさまざまな思考、感情や怒りや喜び、絶望や至福などの表現を見ました。しかしエゴという存在自体を見せてくれた人に出会ったことはないのです。

それらすべての感情の存在こそが、私たちの中に批判者としてのエゴがいることの証だという仮説を大勢の人が私に提供してくれました。それがエゴに関する一般的な見方だからです。しかし、それはエゴではありません。物事はその外見と同じくらいシンプルなときがあります。思考は思考であり、感情は単なる感情であり、そして行為もただの行為にすぎず、そこにエゴの存在はないのです。もしもエゴがほんのわずかでも存在するとしたら、エゴがそこにいると考えられている思考の中にいるはずです。とはいっても、そのエゴの存在を証明する証拠にはなりませんが。すべての思考や感情が自然発生的に生まれてきている中で、もしもエゴがあるとしたら、それは「私のもの」と考えるマインドのなせるわざなのです。

この「私のもの」という思いに続いてある思考や感情が生まれてきます。もしかしたらそれは「私は混乱している。これは私の感情」「私は嫉妬している。これも私の感情」というものかもしれませんし、他の体験に付随して「それは私に属するもの」といった感情や思考が生まれてくるかもしれません。エゴがいるからそうした混乱や思い、感情が生まれたのだと人は考えますが、エゴを見つけようと振り返っても、思考に先立ってエゴはいなかったことに気づくでしょう。思考の前にではなく後にだけエゴがいるように感じられるのです。それが思考や感情の成立ちを説明しています。それは「私のもの」というマインドによる事後仮説なのです。またそれは「私のものではない」という拒絶的な思考や感情を表す事後解釈でもあります。そうした立場から、そこに自分に属さない誰かがいる、つまりエゴの存在をほのめかしていると見るのは容易なことなのです。それが二元性の世界です。「それは私の思考であり、私の混乱だ」あるいは「それは私の思考ではなく、私の混乱ではなく、私のものではない」と考えるのです。それらは両方とも在るものを解釈しようとする動きにすぎません。エゴとはマインドの動きにすぎないので、誰も見つけることができないのです。それは幽霊のようなものです。それは特別な条件付けによるマインドの動きなのです。

私たちは幼少時代の初期から、「あなたは可愛い」「君は頭がいい」「君は成績がいいからすばらしいね」または「君は成績がふるわないから残念だね」といったメッセージを受け取ります。子どもたちはすぐにその言葉を信じて感じるようになり、その感覚を「私」として所有しはじめます。同じように、ある人がある思考をもつと、すぐにその思考を感じはじめます。気持ちの良い晴れた日のことを思うだけで身体がその雰囲気を受け取り、実際には存在しないものを感じるのです。そこでエゴをなくしなさいと言われたとき、やっかいなことが起こります。エゴをなくすべき人とはいったい誰なのでしょうか？　エゴをなくそうとしているものとは何なのでしょうか？　実はそれこそが自分で自分をどうにかしなければならないと考えることでエゴを維持させる方法なのです。

エゴとは動きにすぎません。それは動作や状態を表すものであり、静止したものではありません。それはつねに生じてくるマインドの事後反応なのです。言葉を変えると、エゴはつねに道の途中にいます。それらは心理学の道、精神性や霊性の道、そしてよりお金を得たり、もっと良い車を買うための道のりにいます。その「私」という感覚はつねに自分にふさわしい人物になろうとし、たえず動きまわり、何かを成し遂げようとするでしょう。あるいは後ずさりしながら拒絶と否定の中で、まったく正反対のことをしています。エゴが活動しつづけるためには動きがなければなりません。行ったり来たり、ある方向へ向かったり離れたりしなければならないのです。私たちには非難する相手が必要になりますが、たいていの場合、その矛先は自分自身へと向けられます。私たちはどこかに到達しなければなりません。なぜなら、そうしなければふさわしい自分になれないからです。ですからエゴの動きを表す意味として「エゴーイング」と呼ぶのもいいでしょう。それは私たちがふさわしい自分になろうとしなければ機能することができません。それが動きをやめると、それは動きを表すものではなくなります。あなたが走るのをやめたとたんに、ランニングという行為などなかったかのように消えてしまうのと同じです。そのエゴという感覚はつねに動きつづけなければなりません。なぜなら、あなたの足が止まるとランニングが消えてしまうように、あなたが止まるとエゴは消えてしまうからです。

私たちがそのことを深く理解し、あるのはエゴーイングという動きだけでエゴではないということを見はじめると、エゴの本当の姿をとらえるようになります。何かに向かったり離れたりする性向は自然に止むでしょう。その停止とは非常に穏やかに、ごく自然なものでなければなりません。もしも私たちが急にやめようとしたら、それはまたしても止めようとする動きになってしまうからです。エゴをなくすために自分で正しいと思う何かをしようとすると、かえってエゴを生きながらえさせてしまうのです。そしてエゴが実はエゴーイングという動きだと知ることは、努力せずに止まることを可能にしてくれます。

百本の樫の木を見ると、そこにエゴはありませんが一本一本が違っています。同じようにエゴと呼ばれるこの動きを表すものが止まったとしても、私たちの個性がなくなるわけではありません。その動きとは私たちが指で触れられるものとは何の関係もなく、思考でもなく、感情でもなく、エゴでもありません。エゴから解放され自由になるためには、自分かこの世界のどちらかが止まらなければならないとしたなら大問題です。それはふさわしい自分になろうとする反応であり、何かに向かったり遠ざかったりしようとする動きであり、止めることができるものなのです。

このエゴの動きの停止を自分に許すとき、存在の異なる世界が開かれます。私たちはただ見るだけで、生まれてくるものにはエゴ的な、または「私」的な本質はないことに気づくでしょう。浮かんでくる思考はただの思考であり、感情にも「私」はなく、自己という性質もありません。混乱が生まれても、その中には「私」という性質はないのです。ただ観察することで、すべてが自然に生じてくることや、どんなものにも「私」という固有の性質はないことを知るのです。エゴの性質とは思考の後にだけ生まれてくるものなのですから。

あなたがその思考の事後反応を信じると、「私は怒っている。私は混乱している。私は不安だ。私は幸せだ。私は絶望している。私は悟っていない」あるいは最悪のものでは「私は悟った」といった世界観が生まれます。そしてその「私は……だ」という思い込みが、私たちの見るすべてのものや行動のすべて、そして人生の出来事すべてを脚色するでしょう。人々は、スピリチュアリティとはいわゆる変性意識のことだと考えますが、その妄想こそが歪曲された変性意識と言えるでしょう。スピリチュアリティとは目覚めに関する事柄であり、状態に関する事柄ではないのです。

かつて師が私に言いました。「マインドが止まるのを待つつもりなら、あなたは永遠に待つことになりますよ」。そのとき突然、私は悟りへの道のりを考えなおさなければならなくなりました。私は長い間ずっとマインドを止めようとしてきましたが、別なやり方を見つけなければならないと知ったのです。

スピリチュアルな教えの中の「やめる」という言葉は、マインドや感情や個性に向けられたものではありません。それは手柄に感じたり、非難したり、「私のもの」と考えたりする事後思考に向けられたものであり、そうした事後思考の動きを止めることが教えの意図するものなのです。ただやめることです。そのとき自分がどんなにほっとしているかを感じてみましょう。私という感覚が武装解除すると、私たちは何をしたらよいか分からなくなり、前に行くべきか後ろにさがるべきか、右に行くべきか左に行くべきかさえ分からなくなるでしょう。それこそが大事な一種の停止であり、それ以外はすべてゲームなのです。停止の中で、これまでとは違った分離のない存在の状態が立ち現れてくるでしょう。なぜでしょうか？

それは私たちが自分自身でいることに、もはや何の葛藤もなくなるからです。

マインドはそうした言葉を聞いて「分離のない存在の状態だって？」と疑問に思うかもしれませんが、それこそたった今起こっていることを見逃している質問です。人は分離のない存在状態を感じることができます。しかし、その状態は抽象的な世界や観念的な世界では見つけることができません、なぜなら、役者のいる世界は分離した状態だからです。私たちは自ら鎧を脱いだとき、そして何かを証明したり否定したりしようとするのをやめたとき、分離のない世界に触れることができます。そしてその安らぎの中に抵抗なくいることができるでしょう。肉体の中にいながらにして肉体を超越した境地であり、肉体はもはや自分との戦いをやめています。マインドはときおり何かを考えるかもしれませんが、それらの思考はもはや傷つけあうものではありません。あなた自身の本質に対して、本当のあなた自身に対して興味をもってください。その興味があなたを分離のない世界へと開かせてくれます。分離のない状態ではまず最初に、あなたは自分が誰だか分からないことに気づくでしょう。それ以前の、自分が誰かを知っていたあなたは無限の分離の中にいました。分離のない世界には、重く制限され限定された自己という感覚はありません。あなたが神秘そのものになるのです。

分離は自己という感覚を見つけることを容易にします。たとえば私たちが怒っているとき、それが私たちの世界になります。しかし怒りが存在してもそこに自分という感覚が付与されなければ、怒りという感情さえもそれ自体が自らに内包されるでしょう。それはひとりでに生まれては消えていくエネルギーなのです。そのとき私はどうなるのでしょうか？　それが「私の怒り」でないとするならば、「私」が分離した自己でないとしたら、私とはいったい誰なのでしょうか？

存在という神秘が自然にひも解かれる体験をどうか自分自身に許してください。思考ではなく存在のレベルから始めてください。神秘がひも解かれるにしたがって、私たちはますます輝きを増し、「今」に気づいていくでしょう。そのとき自己という感覚が分離と内なる葛藤を通した見方からシフトするのです。マインドは自己を認識するための留め金がどこにもないことを発見し、その開かれた世界で自己認識、つまりアイデンティティそのものの解体が始まるでしょう。神秘は矛盾をはらんでいますが自分という感覚が解体されればされるほど私たちは生き生きとして今にいると感じるでしょう。それは水の中で完全に溶けていく砂糖のようなもので、たとえ溶けて見えなくなってもそこに存在するものです。ラマナ・マハリシなら「砂糖は水の中に溶けて消えてしまった。だから水と砂糖は同じもの。つまり大いなる自己だけが存在する」と言ったのかもしれません。

エゴという幻想から完全に自由になるためには、それを無意味なものと見なすことがたいせつです。エゴが妥当なものと見なされると、それは「ふさわしい自己になろう」と動きはじめます。世界中のすばらしい意図がエゴをますます元気にするのはそのためです。「私は毎日ますます自分自身から解放され、いつの日か完全に自分を手放してエゴのかけらもなくなります」といったアファメーションの言葉は、あなたにどのように聞こえるでしょうか？それがエゴの声です。しかし、その私という感覚自体が不適切だという思いが一瞬でもひらめいたならゲームは終了です。ちょうど自分の人生はゲームの勝敗にかかっていると考えながら人生ゲームをしている人に、突然それはばかげた考えで、人生とゲームは無関係なのだという気づきがもたらされるようなものです。彼はゲームを続けるかもしれませんし、サンドイッチを買いに外に出かけるかもしれません。人生とはスピリチュアルなゲームに勝つことが目的ではありません。ゲームから目覚めることが目的なのです。

私たちの中には「条件付け」と呼ばれる、エゴとはまた違う要素もあります。条件付けとは、私たちの意識というコンピューターにあるプログラムをインストールするようなものです。インストールが終わると、一時的に条件付けがなされますが、コンピューターにエゴがいるとは言えません。大人になるまでに、私たちは心身ともに条件付けをたっぷり施されてきました。それらの条件付けはエゴを非難してきましたが、条件付けそのものはエゴから生まれたものではありません。エゴとは条件付けという痕跡の中で後から浮上してくる事後思考であり、それこそあらゆる本当の傷つけあいが起こる場所なのです。

遺伝情報や親、教師、霊的指導者などによって提供されたプログラミングを条件付けと見なすと（マインド自らが自分自身に対しても条件付けを施しますが、それについては別のところで触れましょう）、条件付けには何の自己もないことに気づくでしょう。マインドはそれを知ることを怖れています。条件付けに自己がなければ、非難すべき対象がいなくなってしまうからです。コンピューターにディスクを入れても作動しないときにコンピューターを非難するのが愚かなように、自分自身や他の人を非難しても何の役にも立たなくなるのです。あなたにどんな条件付けがなされているか、今という瞬間を見てください。するとそこには何の非難もないことが分かるでしょう。それは存在の一部です。肉体への条件付けやプログラミングがなければ私たちの呼吸は止まり、脳は溶け、知性のすべてが失われてしまうでしょう。それらもまた別の条件付けなのですから。

条件付けを私たちの内でより強固に根づかせているものは、それを「私のもの」と見なす私たちの解釈です。そのとき当然のように自分や人への非難が始まります。「それを生み出したのは私」「それを生み出したのは私ではない」と信じ、あるいは「私はそこから自由になれない」と信じるがゆえに条件付けを取り除こうとする動きが始まります。マインドは条件付けを取り除くことができると考えていますが、真理の中にいるとき私たちはますます分離というものがなくなるでしょう。条件付けが生まれるとき、それが「私のもの」と主張されなければ分離のない世界に生まれるのです。それは存在という無条件の世界とも呼ばれています。そして条件付けが分離のない世界で出会うとき、錬金術的な変容が起こるでしょう。聖なる奇跡が生まれるのです。

人は何かが起こると、「これは私である」あるいは「私はここにいるけど、それは私ではない」といった体験をします。それらは後から生じてくる意識の動きであり、エゴとして知られています。しかし分離のない世界では二つのことが起こる可能性があります。一つは分離のない世界にいる分離のない存在である私たちの本質に目覚めることです。そしてもう一つは気づかれないまま無邪気に手渡された条件付けや混乱が自らを再統合する可能性があるということです。分離のない状態にいる人の中で条件付けが生まれると、その人は所有権を主張することも否定することもしないので、そこに聖なる変容のプロセスが生まれます。条件付けがひとりでに自らを再統合しはじめるのです。水たまりの中の泥のように、条件付けという泥は自然に沈んでいくでしょう。それは自然の奇跡なのです。

それは非常に厳粛なる行為です。なぜなら、もしもそこにほんのわずかでも所有権の主張や否認があったならば、そのプロセスは何らかの変質を余儀なくされるからです。それは私たちに内なる柔軟さと開かれることを要求します。なぜなら分離していない状態は非常に柔らかいので、大型ハンマーで釘を打つような取り扱い方ができないからです。それゆえスピリチュアルな教えでは謙虚さが重要視されるのです。謙虚さは存在という真実に私たちが穏やかに、そして慎ましやかに入っていくことを手助けしてくれます。天国の扉を力づくで開けることはできません。天国に入るために、私たちは自分の鎧をどんどん脱いでいかなければなりません。そのとき「存在」という純粋な意識がますます輝きを増して、私たちは自分が誰かを知るでしょう。その輝きこそが私たちなのです。

輝きを増した私たちが自分はその輝きであり、まぶしいほどの光だと知ったとき、自らの体験を通して人間の誕生に関するすべてを理解するでしょう。その輝きは自分自身に向かって、混乱の一つ一つに向かって、苦しみの一つ一つに向かって帰っていくでしょう。「私」が追い払おうとしたすべてのものに聖なる自己は帰るのです。

そのまばゆい輝きをもつ自己は自らの本質を見つけ、自らのすべてを解き放ち、自らを楽しませるでしょう。そして自らをありのままに、本当に愛することを欲するでしょう。本当に神聖なるものとは存在するものへの愛であって可能性に対する愛ではありません。そしてその愛はすべてを解き放つでしょう。

すべての人間の真の心とはあるがままを愛する心です。ですから私たちは自分のどんな側面からも逃げることはできません。それは私たちが問題児だからではありません。私たちは純粋な意識であり、今ある人生は自らのすべてに向かって帰っていくためのものです。たとえどんなに混乱を極めたとしても、私たちはゲームの中でやり残した自分自身のすべての側面へと帰っていくことができるのです。それが真の愛と慈しみの誕生です。スピリチュアルな伝統の中では、愛を得るためにはたくさんのものを切り捨てなければならないと長い間教えられてきましたが、それはつくり話にすぎません。愛が真にすべてを自由に解き放ちます。それが真実なのです。

12章 愛

LOVE

歌や詩やコマーシャルの中や高校時代の恋愛において讃えられる愛を誰もが知っています。それらの愛は美しいものですが、私は愛の本質について、そのもっとも深遠なる意識について話したいと思います。愛とは真理のもっとも重要な側面です。愛がなければ真理はありませんし、真理がなければ愛もありません。

肉体を伴ったとても深い愛を体験したことのある幸運な人々は、愛がすべての体験や感情を超越することを知っています。その愛を体験した人は、自分が愛と呼べる状態にいないときでさえ愛が存在することを知っています。また、それが本当の愛でないとき、あなたが愛を感じなくなったとたんに、その感覚はただの思い込みだったことに気づくでしょう。ガス欠の車のようなもので、それは本当の愛でも、もっとも深い愛でも、愛という礎でもありません。本当に愛するとき、愛はすべての体験を超えることをあなたは知っています。たとえば、母親はひどく怒っているときでも子どもを愛しています。感情的に動揺した困難な時間の中でも愛があることを彼女は知っています。誰かを大好きになったことがある人は、あなたが愛を感じていないときやつらい時間の中でも愛があることを知っています。もっとも深い愛という思いやりはすべての体験を超えるからです。

もちろん、愛にはさまざまな表現があります。しかしあなたが何らかの真の愛の体験に向かうとき、その体験のないところにも愛が存在することを知るでしょう。あなたがそれを愛と名付け、「これが愛」「こんなふうに愛は感じるもの」と言ったとしても、愛という言葉のないところにも愛は存在することに気づくはずです。あなたはそれを手に取り、「これが本当の愛の姿だ」と言うことはできません。というのも愛は言葉を超えるからです。それはある意味で「自己」とも似ています。それは見つけることはできません。そこであなたは「私は自己を見つけることができないので自己はいないに違いない」と考えるかもしれません。しかし目覚めて輝いている意識はたしかに存在しています。それは輝いた空《くう》という意識です。

同じように真理における愛という側面も、真理が存在するときつねに存在します。その愛は感情の満ち干きを超越しています。つまりそれは、つねに開かれた愛なのです。もしもあなたが自分を閉ざしてしまったなら、愛も真理も息絶えてしまうでしょう。それは私たちが本深くつながっているという、言葉にならない感覚をもたらしてくれる愛であり、私たちが本当に開かれているときに生まれてくるものです。言葉は愛を大きく膨らませることも小さく萎ませることもできません。私たちがその言葉にならない愛に意識を向けるとき、そこに愛はあります。美しくも親密なる何らかのつながりが生まれるのです。この言葉を用いないやり方に開かれるとき、私たちは開かれた意識が自らに出会うかのように愛を感じるでしょう。

私たちはみな愛との出会いを体験したことがありますし、何からの理由や日常のしがらみの中でその開かれた状態を切断したことがあるはずです。何かが起こったとき、あなたははさみでそのつながりを切り離して嘘をついたのです。その言葉にならない領域とのつながりをなくしたあなたは、「これから私は真実ではないことを語り、嘘をつきます」と言っているようなものです。ハートの愛とつながっていないときのほうがたやすく嘘をつけるのです。あなたがハートとつながっているとき、嘘を言ったり半分だけの真実を告げるのは困難になるはずです。そしてあなたが愛との分離を拒絶するならば、あなた自身との関係も含めて、あなたの抱えているすべての人間関係は完全に変容するでしょう。

それを聞くとあなたは奇妙に感じるかもしれません。なぜなら、あなたは愛とのつながりは特別な瞬間や特別な人々、特別な状況のためにとっておくべきものだと教わったからです。そのつながりを見境なくいつでも誰とでももつことはタブーなのです。「私はあなたと、そっちのあなたと、あちらのあなたのために愛をとっておくわ。でもその他の人たちを愛するのはかなり難しい」と考えたかもしれません。しかしあなたの中ですべての定義を超えた目覚めた愛が深いつながりや一体感として気づかれるとき、その愛は相手を選ぶことはありません。愛はスイッチを入れたり切ったりする方法を知らないからです。そのスイッチはマインドの中にあるものです。ですから愛はいつもスイッチが入った状態で、聖人も罪人も同じく平等に愛するでしょう。それが本当の愛です。一方、偽物の愛は「私はあなたを他の人よりもっと愛するわ。だってあなたは私の歪んだ小さな世界観に他の誰よりもぴったり合うんですもの」と言うかもしれません。

真実の愛は真理と同じ意味をもっています。それは真理とまったく変わらないものなのです。その愛は完璧なパートナーとダンスパーティーに出かけるときの愛とは別のものです。もちろん、それはそれですばらしい体験でしょうが、真実の愛とは違うものなのです。愛のもっとも深い本質とは、恋に落ちたり醒めたりすることはありません。愛とは終止符なのです。その愛はあなたが個人的には好きになれないような人々にさえも注がれるでしょう。その理由は、私たちが愛によって成長し、気高く清らかな聖人になるからではありません。そうした事柄は、私が話している愛とは無関係です。真実の愛とは深くシンプルな気づきです。私たちが自らの体験の中や、それぞれの存在や一人一人の瞳の中で直感的に出会って知っているものが愛なのです。起こっていることすべての中で愛は自らと出会います。何かが起こっているという事実の中にシンプルに愛があります。それこそが本当の奇跡です。何かが存在するよりも何も存在しないことのほうがはるかにたやすいはずなのに、私たちが人生と呼ばれる豊かさの中で生き、何かを体験していることがまさに奇跡なのです。

この深い愛は恋に落ちたり、そこから醒めたりする類いのものではありません。のめり込んだり醒めたりする愛は、愛という本質から何かが取り除かれたものです。そうした類いの愛はほとんどの人々にとって人生の体験の一部ですが、深い愛はただ「在るもの」として認識されるでしょう。そのハートから湧きあがってくる深い愛に初めて出会うとき、それが出会ったすべてのものに対する愛だと知り、あなたは大きな衝撃を受けるでしょう。

「いったいどうすればそんなことができるのだろうか？　僕は自分と違う人生哲学をもつ人を愛するわけにはいかないのに」「その愛はいったいここで何をやっているんだろう？　僕たちは完全にかけ離れた政治的見解をもっているのに」「なぜ僕が君を愛せるの？　それはどうやって忍び込んできたんだろう？　どんな類いの愛なのだろう？」などとあなたは考えるかもしれません。

それは深い愛です。それは真理と同じ愛です。その愛が存在するところに真理が存在します。真理が存在するところに、その深い愛という絆が存在します。

イエスに関する多くの逸話は愛の存在を物語っています。彼の周囲の人々は愛に値しない者について彼に訴えつづけました。「この売春婦には死ぬまで石を投げるべきです。神はそのような人間を愛さないでしょうから」。しかし愛と深くつながったイエスは、その愛が相手を選ばないことを知っていました。それは相手が善人や高貴な身分だからという理由で注がれる愛ではありません。それはただ在り、すべてのものをあまねく愛するものなのです。イエスの奉仕のほとんどは真実の愛を土台にしてなされました。その愛はイエスの死に対して責任のある人々に対してさえも示された愛です。彼は、「父よ、彼らをお許しください。彼らは自分がしていることが分からないのですから」と言いました。死に直面したときでさえ、止むことのない愛から言葉を発したのです。マインドはこう告げるかもしれません。「おい、彼らは私を殺そうとしている。私には彼らへの愛を差し止める権利がある」。しかし真理は、その法則に沿っては動きません。つまり愛はマインドがつくりあげるゲームには加わらないのです。いずれにせよ、それはただ愛するのです。誤解しないでください。その愛はあなたが崇高で神聖なる価値ある人になることとは何の関係もありません。それはすでに存在している愛です。それは今までもここにあり、これから先もずっとここにありつづける愛です。それは単純明快な愛なのです。

あなたは分離した自己でいるという任務を上手にこなすために、その愛の価値を低く見なければなりませんでした。しかし愛はいまだに存在していたのです。あなたのマインドが決して愛さないような人々やあらゆるものをあなたが愛していると気づくことはもっとも偉大なる恐怖です。おそらく死よりもさらに大きな唯一の怖れとは愛、それも真実の愛でしょう。あなたがすべてを愛することができると気づくことは――それがあなたの本来の性質なのですが――あなたの中のすべての分離の終焉のはじまりなのです。他の人々のことであなたの気持ちが乱れるとき、その本当の理由とは、そこにある愛にあなたがいてほしくないと思うからです。だからこそ離婚するカップルはそれぞれ激しく対立しあって別れることが多いのです。彼らは、自分たちは離婚するのだから愛があってはいけないと考えています。しかし、そこにも愛はあります。あなたはこの考え方が好きではないかもしれませんし、もう誰とも生活をともにしたくないかもしれませんが、そこに愛はあります。なぜなら愛にははじまりも終わりもないからです。愛のロマンチックな側面は去ってしまったけども、相手を思いやる気持ちやつながりがそこにあるという事実に直面することができたとき、その人のエネルギーは本当に自由になります。まずは一人の人に対して、その愛について慣れるのもよいかもしれません。というのも最終的にあなたはすべての存在に対する愛がそこにあることに気づくからです。愛はただそこにあります。それは決定事項です。相手が誰かは関係ありません。あなたがその真実の愛を受け入れるとき、相手とともにいるべき時期や相手のもとを去るべき時期をひとりでに知ることでしょう。

真実の愛とは相手を好きかどうかとか、その人に同意できるかどうかとか、相手との相性の良し悪しとはいっさい関係がありません。それが愛という絆であり、あらゆる仮面をつけた人々の中に神を見るように、すべての存在の中に見出すことのできる愛です。愛のない真実とは、冷たく分析的な抽象概念になってしまうでしょう。それは本当の真実ではありません。存在するすべてのものとの親密な結びつきに対して開かれようとする意図があって真実は自ら姿を現すのです。あなたの人格が好むと好まざるとにかかわらず親密なつながりはそこに存在します。ときには愛が最前列に飛び出して、その存在を明らかに示してくれるでしょう。また、ときには愛があなたの裏庭の残り火のように、すべてのもののためにただそこにあるときもあるでしょう。その愛との深いつながりを知ることで、あなたは二元性の壁が自然に崩壊するのを感じるでしょう。それだけではありません。愛とはすべての人間や生命それ自体にとって、ただ感じられるものなのです。

それは子どもに対する親の愛のようなものです。ときに気持ちがくじけることもあるかもしれませんが、愛は変わりなくありつづけます。愛は人生にも似ています。いやなときもあれば幸福なときもあるでしょうが、その愛は幸福な時間も困難な時間も飛び超えて、つねにありつづけます。あなたがすべての善悪を超越した愛に目覚めるとき、あなた自身とあなたの人生との関係が目まぐるしく変化します。それは対になるもののない愛であり（「憎しみ」

は、愛の対義語ではありません）、すべてのものの中にあらゆる瞬間に存在する愛です。あなたがその愛を知ることは、きっと革命的な体験でしょう。なぜなら、あなたの中のその愛があなたにとって愛に値しない人々を愛し、愛すべきでない人々を愛し、あなたが文化的に愛することを許されていない人々を愛するからです。愛は、エゴの分離というルールなどまったくおかまいなしなのです。あなたはその愛がまったく違う愛だと知るでしょう。

私が話題にしている愛とは決して排他的なものではなく、その他の愛の体験を除外するものではないということを理解してください。友情という愛、結婚へ至る愛、その他のさまざまな愛が独自の存在の在り方をもち、世界に行き交っています。しかし私は愛という真髄について、さまざまな愛という持ち味の中にある根本的要素について話をしています。それが真のスピリチュアルな愛であり、言葉にならない深い結びつきなのです。その愛だけが私たちの人間関係や世界との関係をより生き生きしたものに変容させることができます。その愛には時間はありません。その愛は抑制されません。

その愛に目覚めた人々は、よく「アジャ、その愛は僕には大きすぎて、僕を引き裂いてしまうよ」と言いますが、それこそが妄想です。あなたに大きすぎるですって？　あなたは透明な空《くう》です。そして愛はあなたを通過していくだけなのです。あなたをただ通りすぎるのです。あなたが自分を特別な枠に押し込めようとするときだけ、その愛が大きすぎると感じられるのです。あなたは個人としてのあなたの境界や枠という概念をもっていますが、もちろんその中に愛を封じ込めることはできません。愛とは決して何かに入れたり押さえつけたりすることができないものなのです。

13章 スピリチュアル中毒

SPIRITUAL ADDICTION

スピリチュアリティに興味のある人は、精神的・霊的な高みにとりつかれて真理を体験することを切望します。そして何かすばらしいことが起きたとき、あたかも強烈なドラッグの洗礼を受けたかのようにスピリチュアル中毒が誕生します。それを体験したとたんに、あなたはさらなる体験を欲するようになります。スピリチュアルな体験ほど効き目のあるドラッグはありません。この中毒の知的成分とは、「もしも私がこうした体験を十分にするならば、いつもすばらしい気分でいられるだろう」という思い込みです。それはモルヒネのようなものなのです。腕を骨折してモルヒネの洗礼を受けたあなたは、「年中モルヒネの投与を少しずつ受けたなら、何が起ころうとも人生は心地よいものになるだろう」と考えます。スピリチュアルな体験も往々にしてそれに似ています。マインドがそうした体験をお馴染みのパターンにあてはめて、「この体験をいつもすることができたら、それこそ私は自由だ」と考えるようになるのです。

やがてあなたは自分の状態が通常のドラッグとたいして変わりがないことに気づくでしょう。違いと言えばドラッグの使用が許されていないこの社会において、薬物中毒者は自分が問題を抱えていると知っている点です。スピリチュアリティに興味のある人たちは、自分たちの中毒が他の中毒とは違うので何の問題もないと自信をもっています。そうして永遠のスピリチュアル中毒者になるのです。「私はその体験を得て失った。私には必要なのに得られない」というのが中毒者の思考傾向です。

私たちの文化では、ほとんどの種類の中毒者は脱落者として見なされています。しかし精神世界においては例外です。求道者たちは、スピリチュアル中毒が他の中毒とは違うと教え込まれます。「あなたは麻薬常習者ではなくスピリチュアルな探究者なのですよ」と。

あなたに高次の体験を求める何かがある限り、その問題はありつづけるでしょう。そしてあなたの幻想が崩れはじめたとき、その心地よい感動体験が気分を高揚させ、楽しくさせてくれるアルコールの暴飲と似たようなものだと気づきはじめるでしょう。しばらくの間はすばらしい気分を体験しますが、その後で同じくらい正反対の気分を体験するのです。精神的な高揚状態の後には、精神的な落ち込み状態が必ずやってくるはずです。私はたくさんの生徒の中にそれを見てきました。

そうした両極端の体験を十分に長く体験した後で、あなたは高揚状態がペンジュラム[13-1]の振り子の振り幅の大きいときと同じで、その後には必ず落ち込み状態がやってくるのかもしれないと気づくのです。日常の中でも、それらのペンジュラムの動きがまったく同じく対照的なものだという事実に気づくかもしれません。行ったり来たりするのが振り子の性質なので片方のペンジュラムの振り幅だけで保つことはできないと知るでしょう。ペンジュラムの動きを一点に固定する方法はないのですから。

それが求道者の動きですが、一方では「私」の動きでもあります。なぜなら「私」はある体験を継続させてその他の体験を避けようとすることで、つねに同じくらい両極端な体験を引き寄せてしまうからです。それが「私」がすることなのです。「私」は良いことの後を追いかけまわし、悪いことを避けようとします。あなたという自己意識がその動きを続ける限り、たとえ崇高な高次の体験をしたとしても、決して自由にはなれないでしょう。そこには自由はないからです。一つの体験をずっと継続させてくれるものなど絶対にありえないのです。その本質において体験とは移り変わるものなので、ある特定な体験を継続させることと自由とは共存することができません。時を刻む時計のように、体験はつねに動きつづけているのです。

スピリチュアル中毒という問題について私たちは話しあわなければなりません。なぜなら、あなたがそれを理解しない限り、これから私が言おうとすることはただの空想じみた精神世界の概念で終わってしまうからです。しかし、もしもあなたが最初のこと、つまりスピリチュアルな目覚めとは高揚体験のことではないということを理解するならば、次のことはよりいっそう興味深い意味を帯びてくるはずです。その次のこととは、すべては意識だということです。すべては神です。すべてはひとつです。すべてをひとつと見ることは、体験というペンジュラムの揺れをある一定のところで固定させようとする動きに風穴をあけることです。すべてがひとつだとしたら、ペンジュラムの振り子が高いところにあっても他のどこの位置にあったとしても同じことだからです。

禅師は何事も抽象的な方法では説明しませんが、それは禅の美しさであり怖さでもあります。私の師はきっと棒を持ってこう説明するでしょう。「これはブッダです」。それから彼は棒を地面に振りおろして叩きつけます。すると誰もが「わぁ、禅ってなんてワイルドなんだろう。彼の言わんとしていることがもっと分かったらなあ」と思うでしょう。すると師はふたたび地面を棒で何度も叩きつけて「これこそ禅です」と言うのです。するとそこにいたみんなが「すごい！」と嬉しそうな表情をしますが、心の中では「何が？　どうして？」と困惑しながらも口にする勇気がありません。「ただ棒で地面を叩くだけで禅の説明のはずがない」とは言えないのです。マインドにとって「すべてはひとつ」ではないので、マインドはつねに探しつづけます。「それはどこなの？　それはどんな状態なのだろう？」と。その自己はすべてを自らの感情に照合しようとするので、何が真実かを決めるときも同じやり方を用いてきたのです。真実はつねに高次の高揚感をもたらすと自己は考えますが、棒を叩くことが高次の高揚感をもたらすとはとうてい言えそうにはありません。さらに驚かされることに禅では、「これが真実の具体的な説明です。これはブッダです。これは抽象概念ではありません」と言うかもしれません。そのとき私たちは本当に降参せざるをえないのです。

具体的であれと主張する教えに恵まれることは本当の祝福です。その師は、私がときおり口にするように「すべては意識です。すべてはひとつです」と言うこともできたはずです。するとマインドは「そうか。それを信じよう。その意味が分かるぞ」と考えます。しかし棒を地面に叩きつけて、師が「これです！」と言ったとしても、マインドはそれを理解することができません。あなたの目の前の棒の殴打こそがまさしく神なのです。それ以外のすべては抽象であり、事実から離れた動きにすぎません。禅において抽象はいっさい容認されません。それが禅のパワーであり呪縛でもあります。なぜなら生徒たちは理解できないことを理解しているふりをする代わりに実体を知ることを強いられるからです。

それが探究者たちをジレンマに陥《おとしい》れます。すべてが大いなるひとつという意味を深く知ろうとして、「私」はワンネスの体験を探し求めようとします。ワンネスの体験に関する本を読んだり、木の樹皮の中やその他の場所で自分が融合したり消えたりする説明を見ては、自分が似たような体験をしたことがあったかどうか過去の感情体験を探しまわるのです。

融合体験とは非常に心地よく美しいもので、あなたも体験したことがあるかもしれません。あなたがあるタイプの肉体とマインドを持っているなら、五分おきにそれを体験するかもしれません。また別なタイプの肉体とマインドを持っているなら、五回の転生ごとにそれを体験するかもしれません。要するにそれを体験してもしなくても、どの程度頻繁に起こったとしても何の意味もないのです。私は瞬時に融合体験ができる大勢の人に出会ってきましたが、彼らは自分のしっぽを追いかけまわして遊んでいる柵の中の犬と同じ程度のちっぽけな自由を喜んでいます。ところで融合体験とは自由であることとも、ワンネスの実体に触れることとも何の関係もありません。ワンネスとは単純に、すべてがひとつであるという意味です。すべてがひとつであり、これまでもつねにひとつだったのです。すべてがひとつであるという深い気づきが訪れたとき、私という自己が過去の体験を探そうとする動きが止まります。その動きが中断されると探究が打ち切られて探究者も締め出されるでしょう。深い気づきはすべてを瞬時に断ち切ります。あなたがこれまでしてきたすべての体験はひとつです。たとえそれが融合体験であっても、トイレに行くという体験であったとしてもすべてはひとつなのです。棒を持って床を叩いて「これです。これがブッダです。これが悟りです。これほど悟りを表すものはありません」と言っているときでさえ、すべてはひとつなのです。すべては神なのです。

ワンネスという体験はペンジュラムの振り子が高い位置にある状態と関係していると考えていた私という自己が、その思い込みの限界を知ったときに深い気づきが始まります。「私はそれを得た。私はそれを失った」という体験は、探究者にとってとても価値ある体験です。その振り子のような両極端な体験の恩恵とは、それが私という自己に体験そのものに関する概念的枠組みをすべて手放すようにと強いる点です。個人的な自己は気分が良いときは自分が本質に近づいていると考え、気分が悪ければ自分が本質から遠ざかっていると考えます。しかし、その揺れ動く振り子のような両極端な人生の後に、とうとう私という自己は自らの幻想を信じることをやめるのです。何かが見えはじめ、それが本当の自由ではないことを知るでしょう。

さて探究者にペンジュラム的な動きがプログラムされているとしたら、私が言っていることを聞いてその人は考えるでしょう。「アジャの話は忘れよう。僕はペンジュラムの振り子をピンで止めて高揚状態にとどめておけるはずだとまだ信じているから」。そうして一人の探究者の人生をかけたアイデンティティの探究がこのペンジュラム体験に費やされるのです。あなたが今の人生で、数多くの生涯において自分の体験を高揚状態にとどめようと努力し、けっきょくはスピリチュアル中毒者になってしまったと気づくことはかなりの衝撃でしょう。それによって新たな落ち込みや混乱を体験するかもしれません。強烈な混乱を感じるときは、少し距離をとるのもいいかもしれません。なぜならあなたの中の探究者は、突然の混乱に何をしたらよいか分からなくなり、「高揚感を追い求めても自由になれないとしたら、どうしたらいいのだろう?」と困惑するからです。

探究者は混乱の中で、そして何をしたらよいか分からないという感覚の中でつねに中庸にいる必要があります。何の抵抗もない状態で中心から離れることなく中庸であることで、その瞬間に何か新しいものが生まれはじめるのです。いま起きている体験以外の何かを追い求めることをやめようとして探究者の混乱を体験するとき、そのあなた自身の体験の中から何が生れ落ちてくるかを感じてみてください。まず探究者が消滅し、その探究者がつねに探し求めてきた平和が現れるでしょう。探究者が消えると平和が生まれ、静けさが訪れるのです。それは何らかの感情の状態に左右される静けさではありません。探究者が消えていなくなった瞬間に、ただ平和が訪れるのです。そのときペンジュラムの揺れは高まるかもしれません。ところであなたが高揚感を体験したとしても、ふつうの穏やかな状態でいたとしても、あるいは不快な状態にいたとしても、それらの状態から完全に独立して平和はそこにありつづけるでしょう。それが悟りのはじまりです。探究者が消えたときに自由が生まれるのです。もはやそこには何かに向かう動きも遠ざかる動きもないのです。

体験の本質とは海の波のように変化するものです。そうあるべきものなのです。特別な体験を追い求める探究者としての「私」から、ただここへとあなたのアイデンティティが変化しはじめます。ここです。中心はまさにこれであり、ずっとここにあったのです。その中心がスピリチュアルな高揚感を伴う場所だと主張したのは探究者だけです。探究者が消えると、まさに今ここにすべての瞬間の中心があります。ここです。あなたは平凡な感情体験や心理体験、非常に不幸な感情体験や心理体験、非凡な感情体験や心理体験をすることもできますが、つねに中心はここなのです。そしてまさにここからすべては中心を表すものだという気づきが始まるのです。すべてです。真実以外に真実を表す表現はありません。より真実に近い体験というのはどこにもないのです。なぜなら、すべての中心には探究者がいないからです。ここは何もないのです。そしてすべては大いなるひとつなのです。

その中心に小さな「私」がいないことをあなたは発見するでしょう。中心に私がいないとき、あなたに授けられた体験がふさわしいものか、またはスピリチュアルなものかを判断する人はいません。分かりますか？　これなのです！　私の師が棒を地面に叩きつけたとき、彼はすべてが無という中心から生じてきていることを見せたのです。すべてがその中心を表すものであり、そこから切り離されはしません。あなたがここでそれを見なければ、どこにも見つけることはできないでしょう。それは「大いなる解放」なのです。「約束の地」を手に入れ、悟りの体験を得るためには何かを変えなければならないと考えることからの解放なのです。悟りを得るためには何も変える必要はありません。そのうえ、悟りが体験ではなくスピリチュアルな高揚状態でもないことをあなたは知るでしょう。

ですからすべての体験とは、その体験ではないものの現れにすぎません。すべてはこれであり、これ以外のものは何もなく、過去にもこれ以外のものは何もなかったのです。それこそが「すべてがひとつ」という本当の意味なのです。だからこそ時代を超えてすべての聖人たちは「約束の地はここにある」と言ったのです。そのワンネスが神です。それこそが大いなるひとつです。そうなのです。それ以外のどこでもないのです。中心が空《くう》だと気づくとき、あなたは本当の自分以外の誰かになろうとする探究者もいないことを知るでしょう。それはスピリチュアルな高揚感の極みを超えたすばらしい世界です。それは感じるほど心地よいうえに、無限に自由な真理の世界なのです。

○

生徒　「スピリチュアルな体験」と「非二元的な目覚めの瞬間」の違いを説明していただけ

ますか？　というのも、私たちは「一過性の非二元的な目覚め」を再生しようとする中毒に陥りがちだと思うのですが。

アジャ　私が言っているのは、体験は体験にすぎないということです。人は非二元的な世界をちらりと垣間見ることができるというのは本当です。そのとき通常よく起きるのは、探究者が十分に体験することをしなければ、その人はすばやく自らを再主張し、その副次的産物である非二元的世界とつながろうとすることです。非二元的で非体験的な観照の副次的産物とは、探し求めるべきものは今にも過去にも何もなく、すべては神だということへの「なるほど！」という頷《うなず》きなのです。

その世界を十分に体験していない探究者が陥りがちな過ちとは、その非二元的で非体験的な世界を「なるほど！」と結びつけてしまうことです。もちろん「なるほど！」とは単なる安心感や幸福や笑い、至福感かもしれません。それらはすべて副次的産物であり、とても美しいものです。あなたが見たものが真実ではないと言っているわけではありません。探究者が十分にその世界を体験しない限り、人はそのときに受け取った副次的体験を目覚めそのものと結びつけてしまい、副次的体験がゴールそのものになってしまうと言っているのです。

副次的体験とはとても美しいものなので、あなたが見たものが真実ではないとか、何の価値もないと言っているわけではありません。私はあなたにすべての副次的体験を手放す準備ができているかとたずねているのです。あなたは副次的体験の根源にあるものを見ることができるでしょうか？

生徒　あなたが言っていることと同じ意味において、あなたはより自由になるために脱構築主義者的な手法を提供し、私たちを縛りつけている誤った概念を解き放つための取り組みをしているという見方に同意しますか？　私たちが話しているような解放の類いは、瞑想などの他の手法においても起こりうるように思われます。私たちがこつこつと自らの解放に取り組み、何度も繰り返し体験することで、それらは肉体と思考体に浸透し、そしていつか時期が来たら花開くだろうと思うのですが。

アジャ　もちろんその可能性はありますが、たいていはそうならないでしょう。特別な体験をした探究者は、ふつうその後で体験をしなくなるか、一週間に一度かひと月に一度、または一年に一度であろうと相対度数的に体験をするでしょう。もしもあなたがそれらの体験をしつづけたなら、何かが変わるだろうという神話がもてはやされています。ときに何かは変わるでしょうが、たいていの求道者は比較的予想できる間隔をおいてそうした体験をもつようになります。ほとんどの場合、表にして言い当てることができるくらいです。彼らはそうした体験が最終的に成果をあげると信じ込んでいます。探究者は自分が覚醒に向かっていると信じているのですが実はそれが神話なのです。

私が言いたいのはたいていの場合、そのやり方はうまくいかないということです。絶対不可能だとは言いませんが、ほとんどうまくいかないでしょう。なぜなら探究者は今回の体験とは違うものになるはずだという期待のもとに、次の体験こそまさに自分が求めているものだと思うからです。それが通常、疑問視されずに素通りされている幻想なのです。そしてもしもそれが疑問視されず精査もされなければ、スピリチュアルな体験をより頻繁に受け取りつづけることだってありうるでしょう。いつも酔っているようなものです。酒を頻繁に飲むのと同じことです。分かりますか？　あなたはスピリチュアルな体験を頻繁にすることはできますが、それはあなたが中毒者ではないという意味ではありません。探究者がしっかりとその場所に居座っていますから。

生徒　あなたの言っていることは、私に自分の体験を信じることへの疑問をもたらします。もしもあなたが自分に合わないものを食べたとしたら、もう二度と食べたくないでしょう。あなたはそれを避けようとしますし、それが知恵とか賢さと呼ばれています。そしてあなたに何かがしっくりきて自由な体験をもたらしてくれるとしたら、「その方向に行きなさい」という意味の、神から授けられた自然なフィードバックの循環がそこにあると思うのです。スピリチュアルな体験や解放を伴う特定の行為につながろうとする私たちの自然な傾向に関して、あなたはどういったアドバイスをしますか？　私たちはその自然なフィードバックに従うべきではないと言うのですか？

アジャ　いいえ。私が言っているのは反対です。私はあなたが実際にその反応に従うべきだと言っています。あなたはあなたの体験に従うべきなのです。唯一の問題とは、大半の人々が自分の体験の一部にだけ従い、すべての体験には従わないという点です。彼らの体験の一部とは、「もしもこれをするなら、私は自由を体験するだろう。それはとてもすばらしいことで、それがすべてだ」「私自身の体験から、私がこうするならば、いつの日か恩寵がもたらされてすばらしい体験をすることを知っている」といった思い込みです。私はそれに異論を唱えているわけではありませんが、それは私たちの体験の一部にすぎません。そしてもう一つの、あまり見られることのない側面として、その「前進」と思われている動きそのものが実は「束縛」だという事実があります。それは自由ではないのです。それはつねに次の体験を待っています。人々の体験がそれを示しています。つまり彼らはそれが事実だと知っているのです。彼らは自分たちが本当は自由でないことを知っています。なぜなら彼らは自由を待っているのですから。そしてこの待つことも彼らの体験なのですが、たいていの場合、それは即座に無視されて潜在意識下に追いやられるでしょう。というのも、その体験の一部というのは、その人の精神的なパラダイム(13―2)を脅かすからです。それゆえ探究者はそれを見ようとはしないでしょう。

生徒　ええ、私もそれを見たくはありません。

アジャ　私は、あなたの体験を信じなさいと言っています。しかしあなたの体験の全容を信じることがたいせつなのです。

生徒　あなたは進化が起こるという見方に疑問を投げかけているように聞こえますが、ご存じのように物事には段階があります。あなたはA地点からB地点に行くことを目指しています。行き先がなければなりませんよね。さもないと私たちは何かなすべきことについて話すためにここにいる必要もないのですから。進歩というものはないのでしょうか？

アジャ　進歩はありますが、あなたはどこにも行くことはありません。何かあるとしたら、それは進歩というよりも後退です。後退とは子どもの状態に戻ることではありません。その類いの退化とは違うものです。価値ある後退とはスピリチュアルな観念をもった状態から、ずっとシンプルな状態への後退です。そういった意味ではたしかに進歩は起こりえますし、要は私が話しているようなことを人は体験するでしょう。それは突然、瞬時にやってくることもあれば、バターが溶けるように徐々にゆっくりと起こることもあるでしょう。ところでバターが溶けるのを進歩と呼びたければ、そう呼ぶことは可能でしょうが、私はバターが溶けることは進歩以外のものだと思っています。あなたはどこにも至っていませんし、良くなるわけでもありません。ですからどちらでもいいのです。ゆっくり起こるときもあれば、突然に起こる可能性もあります。大勢の人を見てきた私自身の経験から見ても、目覚めは自ら望む方法で起こりうるでしょう。その意味において、私は進化論を受けあうことができますが、ある体験のほうが他の体験よりも進化していることを示すという考え方には賛同できません。それは落とし穴です。それらの体験はあなたの進化を示すものではないのです。

生徒　私もそこには少し危機感を感じています。私たちはみな自分の進化を表すものさしが欲しくてこのサットサン(5—2)の場でその話をするのだと思います。

アジャ　そうですね。

生徒　この窮地がいかに私に訪れたのかを先週話しましたし、私はそれをより上手に扱えるようになっていると感じています。きっとサットサンがうまく機能しているのですね。私たちは進歩しているという感覚がありますし、人生はより良くなっていると感じます。

アジャ　ええ、もちろん進歩はあります。しかし進歩は目覚めとも悟りとも違うものです。

生徒　たしかにさまざまな体験というものがあります。それらの体験にだまされることもあります。それに私は、あなたが日頃「光るものに夢中になってはいけない。砦を目指して金鉱や銀鉱を採ろうとせずに砦の中でただ立ち止まりなさい」と言っているのを聞いています。

アジャ　そうです。なぜならそれらの資源はいつか尽きるからです。あなたの人生がより良くなっているとか、より自由になっているとしたら、私はそれに異論を唱えるつもりはありません。それがあなたの体験です。もしもある人が至福感を体験したなら、その人がより幸福になったことを私は嬉しく思うでしょう。そしてその人はきっと、自分や人に寛容になるでしょう。それはすばらしいことです。ところで自由に関して言うならば、どこにも標準規格などありません。あなたは目覚めているか目覚めていないかのどちらかしかないのです。

［訳注］

13―1　ペンジュラム　占いやダウジングと呼ばれる、水脈や鉱脈など隠れているものを探す手法に使われる先端の尖ったパワーストーンのついた振り子のような道具。

13―2　パラダイム　個人の考え方を規定する認識体系。

14章　幻想

ILLUSION

この世界は幻
ブラフマン[14-1]だけが実在する
世界はブラフマンである
——ラマナ・マハリシ

もしも直接感知されるならば、この世界は究極の実在、すなわちブラフマンです。しかしこの世界は、私たちの世界への要望によって生成されたベールで覆われています。誰もがそれぞれ要望をもっています。そして自分が望んでいるほど世界が自分に十分に与えてくれないように感じている人々もいますし、世界はあまり安全ではないと感じ、誰もが平和であるよう求めている人々もいます。人がこの世界や自分に対して求めるものは際限なく続き、それらの要求がベールを形成します。ところで「世界は幻」という言葉は、そのベールが本当は存在しないということを表しています。ベールとは実在するものではなく、マインドの働きによって生み出されたものにすぎないというのです。

あなたが誰かに「愛している」と言われたとします。「まあ、やっぱり私は価値ある存在に違いないわ」とあなたが感じたとしたら、それは幻想です。それは真実ではありません。あるいは誰かに「君なんか大嫌いだ」と言われたとします。するとあなたは「ああ、神よ。私は知っていました。自分があまり価値のない人間だということを」と考えますが、それも真実ではありません。どちらの思考も本質的な事実を含んではいないのです。それらはベールなのです。また誰かが「君を愛している」と言ったとしたら、その人は自分自身に対してそう言っているのであって、あなたに対してではありません。そして「大嫌いだ」と言った人も自分自身に対してであり、あなたに対してそう言っているのではないのです。

世界観とは自己観です。あなたの知覚というベールに覆われた世界は、実はあなたのマインドの中以外には存在しないのです。そのイメージを膨らませるには、あなたが死ぬときのことを想像するともっとも分かりやすいでしょう。あなたとともに滅んでいくすべてのものは実在しないものばかりです。自分自身に関する見方や世界への見方、世界のあるべき姿やなりうる可能性のある姿、自分の理想の姿やなりうる可能性のある姿、そして自分が覚醒したかどうかなどなど。それらすべてのものの見方は、あなたの脳が働きをやめたとたんに消え去ってしまうもので、実際には存在しないのです。実際には何も起こってはいません。だからこそスピリチュアルな目覚めには死の要素が含まれるのです。

本当に自由になりたければ、あなたは自分の世界全体を失う覚悟をしなければなりません。あなたの世界観が正しいことを証明しようとするのならば、荷物をまとめて家に帰ったほうがよいでしょう。あなたが目覚めて「ハレルヤ！　僕はまったく正しかったんだ」という発見をしたければ、休暇をとるか仕事に戻ってスピリチュアルなことに首を突っ込んだりしないほうがいいのです。しかし目覚めについて考え、「私が間違っていた。自分についてもまわりのみんなについても完全に間違っていた」と気づくことに少しでもひかれるならば、あなたは正しい場所に立っている可能性があります。

瞑想して座りながら、無意識のうちに自分の世界観が正しいことを証明しようとする人々もいます。それは肯定的あるいは否定的な動機の両方から起こりうるでしょう。ある人は「私は自分がブッダだと分かる。自分が覚醒したのが分かる。私は目覚めたんだ」と思うかもしれません。しかしその思いさえも、ある世界観を強要していますから、決して適切ではないでしょう。禅師の黄檗《おうばく》希運《きうん》(14―2)は、ブッダを切り捨てすべての見方や世界観、スピリチュアルな世界観さえも切り捨てるよう、そして自分の見方を押しつけないよう人々に告げました。そこで「道でブッダに出会ったら殺しなさい」という言葉が出てきます。あなたの中に真実に関するイメージが浮かんだら、すみやかにそれを消しなさいと言うのです。なぜなら、それは真実ではないからです。

この観念やイメージのベールを外すことは夢から目覚めることと似ています。目覚めることだけが夢を夢だと知るための唯一の方法です。あなたも知っているように、東洋の教えをもってさえ私たちは過激な原理主義者になってしまうことがあるのです。あなたは世界も自己もないと信じることはできますが、それが直接的に体験されたものでなければ、原理主義のもう一つの形にすぎないでしょう。それはマインドが何らかの見方を強いるさらなるやり方なのです。

瞑想をして座ると、自分が抱えているさまざまな見方に気づき、それらを手放すことができます。しかし手放すと同時にあなたは別の見方を取り入れます。それは思い込みと同じなのです。「こっちのほうがよさそうだから、私は今からそれを取り入れるわ」とほとんどの人々はある思い込みを手放したら、必ず別の思い込みを取り入れるのです。ところで、さまざまな思い込みを抱えている人に疑問を投げかけるほうが、一つ一つの思い込みを指摘していくよりもはるかに効果的です。なぜならあなたが一つの見方を手放しても、すぐに次の見方が現れるからです。それは雑草を抜く作業とよく似ています。

私が幼い頃、通りの向かい側に住む親友の裏庭には芝生よりも雑草のほうがたくさん生い茂っていました。今から三十年前の当時、親友の父は芝生の雑草を抜く仕事として私たちに一時間二十五セントを払ってくれました。そのときでさえ一時間二十五セントというのが決して高くないことは知っていましたが、一時間働くとキャンディ・バーが買えたのです。最初、私たちは細いディナーナイフを使って雑草を根本から掘り起こそうとしましたが、あまりにもたいへんな作業だったので雑草を手で引き抜きはじめました。雑草の茎と葉の部分をむしり取ったのです。芝生には雑草の方が多かったので、ある夏、真剣にお金が欲しいと思った私たちは二週間の間、ただひたすら一日何時間も雑草をむしりつづけました。すると一週間後、裏庭をひと通りやり終えた頃には、最初に私たちが引き抜いた雑草がもう生えてきていました。それが思い込みと同じなのです。一つを抜き取っても、その根っこを抜き取らない限りは、つまり思い込みを持っている対象そのものを抜き取らなければ、新たな思い込みがあなたの注意を引くために次々と現れてくるのです。あなたに仕事を保証するにはうってつけの方法です。エゴはそうしたやり方で仕事を抱えつづけます。

ですから、思い込みをもっている本人そのものの根を引き抜くことがたいせつです。この思い込みをもっているのは誰なのだろうか？　悪戦苦闘しているのは誰だろうか？　もがいていないのは誰でしょうか？　そうした思い込みを抱えもつ対象を根こそぎにすれば、すべての構築物が崩壊します。その根本を引き抜くと、あなたという概念体系は丸ごと崩壊しますが、根っこを残したままだとふたたび戻ってきて生えはじめるのです。

○

生徒　私はときどき自分の世界観を幻想として見ることがあります。そして私は「全体」を感じます。しかし、すぐにまた分離という見方にとらわれてしまいます。そんな風に前進したり逆戻りすることをやめて、瞬間的な悟りから恒常的な悟りへと移るには何が必要なのでしょうか？

アジャ　「瞬間的な悟りから安定した悟りへといつ到達するのだろうか？」とたずねる自分を消すことです。あなたにはそれをたずねている自分という感覚がありますか？　それは質問を発している思考独自の反応なのです。

すべては概念のベールにすぎません。禅の言葉に「ある瞬間、あなたはブッダであり、次の瞬間、あなたは感情的な生き物である」というものがあります。あなたはブッダのときもあれば、感情的な人間のときもあります。そしてそれはどちらも仮面にすぎません。感情的な人間も仮面であり、ブッダも仮面です。仮面が剥がれ落ちると感情的な生きものもブッダも同じものなのです。

生徒　それを何かと呼ぶことはできないのですね。

アジャ　それを何と呼ぶこともできません。それは仮面のない空《くう》です。黄檗希運が言ったように、「ブッダの姿をとることがすぐれているわけではなく、感情的な人間の姿をとることが劣っているわけでもない」のです。

生徒　私は自分の中に自由落下とも言える感覚への愛着があることに気づきました。

アジャ　その感覚への愛着はやはり執着ですね。つねに心地よい感覚だけがあるわけではないので、それは苦しみをもたらす原因にもなるでしょう。感情は変化します。感情を見ることで解放が生まれます。よりすばらしい体験にしがみつこうとする自発的な傾向が生まれます。私たちは気づきを超え、エゴの仮面を超え、ブッダの仮面を超えていくのです。空《くう》の前で重い仮面を剥がしてさらに先に行くとき、そこにはただ偉大なる「ああ、そうだったのか！」だけがあるでしょう。

生徒　概念や幻想を伴わない空《くう》に関するあなたの話は、愛を超えた世界のように思われます。私の体験によると、愛は目覚めの中でも生まれるのですが幻想と空《くう》の狭間のエネルギーフィールドのように感じられます。どうか愛について、それがどのように目覚めに組み込まれるのかを話していただけませんか？　私たちの内側にはそんなにたくさんの愛があるというのに、私たち人間がめったに愛されていると感じないのはなぜなのでしょうか？

アジャ　空《くう》の最初の律動が愛です。愛はまた最初の呼びかけでもあります。愛によって全宇宙へと、存在の創造と誕生へと導かれるでしょう。それはまるで母のようなものです。その愛と美という言葉にならない感覚からすべてが生まれます。愛は何もない無の世界の最初の表現なのです。その意味において、愛はもっとも深い真実の世界への入口でもあります。人間が愛を感じられない理由とは、自らを自分自身と、つまり愛や愛という根源と切り離してしまったからだと思います。

人間の本性は愛の化身であり創造性の化身ですが、エゴにはそのような見方ができません。エゴはその種の愛を受け入れることを自らに許すことができないのです。私たちの本質だけが愛によって自己を見失うことなく愛を受け入れることができます。スピリチュアルなコミュニティにおいて指導者が愛されるだけでなく崇拝されるのはしばし次のような理由からです。私たちのエゴはあまりにも大きな愛を受け取ることはできません。その愛を感じることがあったとしても、エゴには重荷に感じられてしまい、その愛を指導者に投影するからなのです。

私たちは自分の真実や美しさを他のものに投影しますが、それは無意識のうちに行われます。「私は自分の決断あるいは無知から何とかして制限のない自己になろうと決めたが、実際になれないので、私の真理を投げ出さなければならない。でも私たちは真理から逃れることはできないし、真理が宇宙から消えてしまうことはないので、それをどこか別の場所にしまっておかなければならない。もしも私がこの制限のある小さな自己を装いつづけるつもりなら、私は自らの神聖さを誰か他の人に預けなければならない」というふうに。そこでイエスやブッダや精神世界の指導者たちが登場します。「私が今の自分でいることで忙しい間は、それを他の誰かに押しつけなければならない」という投影なのです。

そのもっとも深い真実の感覚において、愛のあるところで私たちは自分自身の大いなる自己と恋に落ちているように感じられます。そのとき私たちは、エゴが抱きしめることができない相手と恋に落ちているのです。制限のない自分になるという仕事を果たしたとき、私たちの本質が取り戻され、大いなる自己の所有権を手にします。そしてブッダや聖なる人物や自分自身の師を見て、「これは私だ。同じものなのだ」と確信とともにすみやかに知るでしょう。私たちが大いなる自己として愛の豊かさを自分自身に取り戻したときだけ、それが可能になるのです。

そのとき偉大なる愛と感謝の気持ちが生まれるでしょう。私は師に対してこんな気持ちになりました。「私の投影を預かってくださったことに感謝します。私が悟っていないふりをすることで忙しかったとき、私の悟りを預かってくださり、ありがとうございました。それらの投影を自分のものとして執着することなしに返してくださったことに感謝します。それに対して愛と感謝しかありません。私にそれを見せてくださってありがとうございます」。

「悟りが深まると、あなたという全存在がダンスを始める」という言葉があります。あなたは空《くう》という世界を体験することができますが、それは空《くう》のための空《くう》の世界かもしれません。そのとき用いられる言葉とは「見せかけの空《くう》」です。しかし、本当の空《くう》に出会うとき、あなたという存在がダンスをします。そしてあなたの肉体さえ踊るように動きはじめるでしょう。すべてが生き生きと生気を取り戻します。あなたの優雅な動きとともに空《くう》も踊るように動き出すでしょう。その愛と喜びに満ちたダンスは、私たちをさらに深く誘うでしょう。愛と喜びのダンスはどこまでも続き、静かに染みわたる世界へと根をおろします。そこは深い愛と静寂の世界なのです。

目覚めが起きたときハートは開かれなければなりません。悟りを完成させるには、頭とハートと腹の中心の三つのレベルでの目覚めが必要だと私は思っています。あなたは非常に透明な悟りのマインドをもつことができますし、気づきを深めることもできるでしょう。しかしそのとき、あなたという存在はダンスをしません。ハートがマインドと同じように開かれたとき、あなたという存在はダンスを始めます。すべては生気に満ちあふれます。そしてあなたの腹の中心が開かれると、さらにより深い計り知れないほどの確固とした世界が開かれます。あなたという存在は透明になって死に絶え、それは絶対的存在となるでしょう。あなたはただ「在る」のです。

「濃密な空《くう》」という表現があります。マインドのレベルでは、空《くう》はそれほど濃密なものではなく空気のようなものです。それがマインドでの悟りです。ハートのレベルでの悟りは、すべてがダンスを始めるような生き生きとした感覚です。そして腹の中心における悟りはマインドの悟りに似ていますが、透明な山のような感覚です。それらすべてが私たちの中にある真理の表情なのです。

生徒　それは私が今まで聞いたことのあるなかでもっとも美しい表現です。愛を避けて愛から動いているとは思えないスピリチュアルなグループのことを私は思い浮かべました。彼らには愛という中心がなく、とても乾いているように感じられます。愛なしには目覚めが訪れるはずはないと思うのですが。

アジャ　「精神性や霊性の探究が単なるおしゃべりになるのはたやすい」と私の師がよく言っ

たものです。マインドの悟りには限界がありますが、完全なる明晰さへと至る悟りの広がりは果てしなく続くでしょう。しかしそんなときでさえ非常によく起こりがちなのが、私という非常に精妙な形をもった個が自らを守ろうとすることです。あなたの悟りが首のレベルまで落ちてきたら、多くの人々にとって自己保身が大きな問題になるでしょう。それはマインドを変えるかマインドをなくして無になるためのものです。しかし気づきがハートにまで落ちてくると、あなたは本当に故郷に近づきます。ハートの解放とは、親密さというもう一つの宇宙の秩序でもあります。一部の人々はマインドだけの悟りを得ることができるので、スピリチュアルなコミュニティの中にはそれを見逃しがちなグループがあるのだと思います。

生徒　なぜ私があなたにひかれたのかが分かります。スピリチュアルな指導者のもとで変性意識状態や「サマディ」[14-3]と呼ばれる意識状態に至るための体験を積んだり、修業を行うこともできますが、あなたはほとんどの指導者たちがしないこと、すなわちここで完全なる存在として目覚めるということを付け加えました。それこそが愛がやってくるための場所だからです。私たちのスピリチュアルな生き方が単に変性意識状態に入ることだけだとしたら、生き生きとした存在を宿すこともなければ、その輝きを必要とも思わないでしょう。それがすべてであり十分だという考えに惑わされてしまうのです。

アジャ　目覚めがおりていくにつれて、あなたという存在ははっきりと見てとれるほどのさまざまな領域へと入っていきます。目覚めが首もとまでおりてくると、私の言わんとすることが理解できるかはさておき、あなたはうつむいて薄汚れていくでしょう。それは試練のための暗黒時代のようなものです。大勢の人が真の目覚めに至るために必要な感情の奥深いレベルを見るでしょう。私たちが行きづまったとしたら、あなたが言うようにスピリチュアルな状態は、私たちのより完全なる死の必要性からの保身に用いられているかもしれません。ですから高次のスピリチュアルな状態とは、もっとも効果的な隠れ蓑になるのです。なぜなら、それらは至福に満ちた完全なものに見えるからです。そこであなたはすばらしい体験をしますが、いまだに仕事から帰宅しては犬を蹴りつけるのです。

さまざまなスピリチュアルな伝統の中では、悟りの側面はそれぞれ異なるように思われます。禅では腹レベルでの悟りを体現することを目的としています。禅において腹深くに落ちることは「偉大なる死」と呼ばれています。そこにはすべての完全なる解放があり、ハートへの愛着さえ手放されるでしょう。同じように私たちはマインドによる知的な悟りにのめり込むこともできますし、ハートの感覚での悟りに夢中になることもできます。禅では無に関する話をたくさん耳にします。それは山のような空《くう》であり、実体として実際に存在するものなのです。

［訳注］

14―1　ブラフマン　インド哲学における宇宙の根本原理とされ、真実の世界を意味する。

14―2　黄檗希運《おうばくきうん》　中国、唐代の禅僧。臨済宗の開祖・臨済義玄禅師の師。

14―3　サマディ　瞑想の最終段階とされる究極の意識状態のこと。

15章 コントロール

CONTROL

あなたがすべてのコントロールを手放し、たった今この瞬間に起こっていることも含めて、あらゆる場面でのコントロールへの欲求を完全に手放したとしたら、いったいどうなるでしょうか？　あらゆるレベルでのコントロールをあなたが手放すことができると想像してみましょう。コントロールを完全に手放したとき、あなたはスピリチュアルな意味で自由な存在になるでしょう。

あなたという人間的感情の扮装をずっと奥深くまで掘り下げていくと、「怖れ」という人間同志を切り離す最初の感情があると多くの人が言っています。しかし私は、まだそれが真実だという発見をしていません。私が見つけたのは、人間が分離の中で自らを体験することを促すための中核となるものがコントロールへの欲求と意志だということです。あなたが自分にはコントロールできないと思うとき、そこに恐怖が生まれます。またコントロールできないことは分かっていてもコントロールへの欲求を手放すことができないとき、あなたは怖れを感じるでしょう。

コントロールに関する話をするとき、私はすべての事柄について話しています。もっとも明らかな類いのコントロールとは、人間がお互いをコントロールしようとするときに生まれます。今日交わした会話を振り返ってみてください。あなたはその中に相手をコントロールしようとするいくつかの要素を発見するでしょう。相手にあなたを理解し、あなたに同意し、あなたの話を聞いてもらうために、あるいはあなたを好きになってもらいたくて相手をコントロールしようとしたのかもしれません。すべての会話がそうだったわけではないでしょうが、おそらく少しはそんな会話があったはずです。

私が話しているのはもっとも明らかな形のコントロールから、より曖昧でとらえにくいコントロールまでのすべてについてです。コントロールによって私たちは、たった今の体験を変えようとしています。私が受け取る質問でもっとも多いのが次のようなものです。「アジャ、私はある種のスピリチュアルな目覚めを体験したと、少なくとも自分ではそう思っているんですが、それを体験したからといっても最後まで極めたようには感じられないのです。つまり自分が完全に自由だとは思えないのです。私は実際に自分が誰で何者かについては目覚めたかもしれません。それはとても美しくて深い体験でしたが、何かがまだ完全には終わっていないのです」。そして次に来るのが「私はどうしたらいいでしょうか?」という質問です。いわゆる苦境にいる人でコントロールの問題に取り組んでいない人に、私はたったの一度も出会ったことがありません。たったの一人もです。というのもコンロトールの欲求から完全に解き放たれない限りは、誰もがコントロールという問題に取り組んでいるからです。

もっとも単純な見方をすると、自らの本質に関して深遠なるスピリチュアルな目覚めを体験したことがある人と、完全に自由で解き放たれた人々との違いとは次のようなものです。つまり解き放たれて自由な人々は、完全なまでにコントロールを手放しています。それは真実です。なぜならコントロールを手放すと、あなたは自然に解き放たれて自由になるからです。それは高いビルから飛び降りるようなものです。あなたは落ちていく自分をどうすることもできません。重力があなたを落ちる方向へと引き寄せるのですから。コントロールを完全に手放すとき、あなたは究極の自己を知るでしょう。

そのもっとも根源的な形としてのコントロールへの欲求とは、あなたの腹の中に「にぎりこぶし」があるような感覚です。あなたが経験をコントロールしようとするさまざまなやり方について取り組むとき、あなたが見つけるのはこの固いこぶしなのです。そしてそのにぎりこぶしに近づいていくにしたがって、あなたはそこに守護者がいることに気づくでしょう。

私たちのコントロールという根源的な感覚の守護者とは「憤怒」です。憤怒とは、あなたが自分の中に存在していると認める感情の中でもっとも破壊的なものです。それはコントロールの最強の守護者なのです。というのも、もしもあなたが怒鳴り散らしている人の近くにいたとしたら、あなたが変人でない限りはその場から早々に立ち去るでしょうから。たとえば犠牲的精神や絶望という旅をしている人や加害者や、その他のパターンをもっている人にあなたは引き寄せられるかもしれません。人はさまざまな感情パターンをもっているがゆえに執着や困難へと引き寄せられますが、憤怒という激しい炎に引き寄せられて価値を見出した人や居心地よく感じる人はめったにいないでしょう。その意味において憤怒とは、非常にすぐれた守護者として自らの役割を効果的に果たしています。

多くの人は自分の中の憤怒に触れようとはしません。なぜなら、その真上には怖れがあるからです。怖れはたいていの場合、効果的に働きます。そして人々はすぐに怖れから逃げ出したくなるでしょう。ところで自分自身の怖れを通り抜けたことのあるほんのわずかな人は、その下に何か恐ろしく破壊的なものが潜んでいると感じながらそこから出てきたはずです。荒れ狂う大竜巻の中をさらに通りつづけられるなら、たいていは臍《へそ》のくぼみの中に、どんなに深いスピリチュアルな目覚めの中でも生き延びられる「存在のグリップ」と呼ばれるにぎりこぶしのようなものを見つけるでしょう。怖れも怒りも存続しつづけるかもしれませんし、存続しつづけられないかもしれません。まあ、たいていの場合は存続できないでしょう。ところが、そのにぎりこぶしはもっとも根源的な形をとって生き延びることが多いのです。

だからこそ私は、あなたが完全にコントロールから自由になり、コントロールしたいという欲求やコントロールというすべての考え――明らかなものから、あなた自身の存在にかかわるもっとも深いレベルのものまで――を手放したら、どんな感じがするかを想像してほしいと言ったのです。コントロールしたいという欲求があなたという反応システムの中から完全に消えてなくなったとしたら、いったいどんな感じがするでしょうか?

このコントロールへの欲求こそが、私たちが最終的に完全に目覚めることを阻もうとする意志です。悟りを得たイエズス会の修道士として講演活動や著作活動を行い　九八〇年にこの世を去ったアンソニー・デ・メロによるすばらしい逸話があります。それは息子の部屋を叩く母親の話から始まります。

「ジョニー、起きてちょうだい。学校に行く時間よ」

「僕、起きたくないよ」とジョニーは答えます。

母親は繰り返します。「ジョニー、起きなくっちゃだめよ!」

「僕は起きてるよ!」

「ジョニー、起きあがってベッドから出て学校へ行くのよ」

お馴染みの会話ではありませんか？

「僕は学校へ行きたくないよ。学校なんかうんざりさ。なんで学校に行かなくちゃならないの？」

母親は答えます。「あなたが学校に行かなくてはならない理由が三つあるわ。一つめは、学校へ行く時間だから。二つめは、あなたを頼りにしている生徒をいっぱい抱えた学校があるから。そして三つめは、あなたは四〇歳でその学校の校長だからよ」

これは非常に深い目覚めを体験したことのある多くの人にあてはめることのできる逸話です。目覚まし時計のアラームが鳴り響き、あなたは幻の自分を夢見る時間から目をさましました。不変の実在世界を見たあなたは、自分が純粋なスピリットだと知っています。あなたはそれを体験したのです。そしてあなたは学校に行かなければならないのに、その校長のようにベッドにまだ横たわっています。あなたは目覚めましたが、自分が目覚めたことに完全には同意できません。つまりまだコントロールを手放すことができないでいるのです。あなたはまだベッドにいたいのに、すべての状況があなたをベッドから追い出そうとしています。人生はあなたに大声で呼びかけています。そしてあなたに残されたコントロールの最後のかけらがこう叫んでいます。「いやだ、外に行くのが怖いんだ。僕はそのドアを開けて行きたいかのどうか分からない。そこにはまったく新しい世界があって、まったく違う存在の在り方がある。僕は目覚めたけれど、自分が本当に完全に目覚めたいのかどうか確かじゃないんだ。僕は自分が目覚めることができるかどうかをただ知りたかっただけで、まだベッドの中にいたいんだよ」。

人々がスピリチュアルな成長において特別な段階にさしかかったとき、つまり人々が深い目覚めを体験しながらもコントロールという超えなければならない問題を抱えているとき、彼らはよく「あなたは、私が修道院のような場所に行くべきだと思いますか？　私はずっとずっと隠れ家のような場所でひっそり暮らしたいのです。それは良いアイデアだと思いませんか？」とたずねてきます。それに対して私はいつも「いいえ」と答えます。それは校長が「これから二十年間、ただベッドにいるのが一番だと思わない？」という質問と同じです。それはあなたの問題を解決するでしょうか？　絶対にしません！　あなたは立ちあがり、出ていかなければならないのです。そしてあなたが出ていくことを阻もうとするコントロールを手放さなければなりません。

それはとても遠く深いところからの動きです。あなたの内なる自己のまさに中核となる部分に変容が起こるのです。必ずしも天啓やスピリチュアルな達成、悟りと言われるものではありませんが、私たちの存在の在り方の根源的な変容であり、コントロールへの欲求から自由になることなのです。コントロールの問題の核心に達すると、あなたは自分が死にかけているように感じるでしょう。ほとんどの人はそのように感じるはずです。なぜなら、ある意味においてあなたはたしかに死にかけているからです。そのもっとも根源的なレベルにおいて何のコントロールもない人生の突然の訪れとは、すなわち死だからです。私たちの多くにとって一歳の頃にはコントロールの人生が始まっていました。二歳の子どもでさえ母親をコントロールしようとします。子どもが母親や父親に「お願い」という形の命令をしてコントロールしている光景を私たちはよく見るでしょう。この「私がコントロールすることができるならば生き延びられる」といった生物学的な感覚、すなわちコントロールへの衝動的欲求とは非常に幼い頃にすでに始まっているのです。

深遠なる目覚めを体験することはできても、最終的に目覚めを通して本当の自由がやってくるとは限りません。それは私たちという存在のもっとも深い場所で、すべてをゆだねようとする深い解放を通して起こるでしょう。それは本当の意味での根源的変容なのです。もちろん自然に自発的にゆだねることが可能になるには、多くの人にとって自らの本質を深く知ることが必要になります。しかし最後は、盲目的で予測不可能なコントロールの解放によってそのプロセスが完了するでしょう。もちろん人々は決まって私に「どうやったらそれができるのですか?」と質問しますが、私が言えることはその質問自体があなたのコントロールだということです。コントロールとは、何かを無理やりしようとすることです。「どうしたら？」という質問は、必ず何らかのコントロールです。その質問はときには役立つでしょうが、詰まるところはコントロールなのです。「どうしたら？」ではなく、ただ手放すことだけがあるのです。

○

生徒　「予測不可能なコントロールの解放」についてもっと説明してくださいませんか？

アジャ　私たちがコントロールへの欲求を手放そうとする最終段階において、すべては予測不可能だという意味です。それは私たちが一番直面したくない世界です。言葉を変えると、すべてが完全なる未知の世界なのです。

生徒　では予測不可能なコントロールの解放とは、未知なる世界にいることで起こるのですね。そしてそれははじまりでもあるのですね。

アジャ　あなたは手放さないままでもそこにいることができます。もしも私たちが自らの本質の中で本当にくつろいでいるのなら、明らかな形でのコントロールというものは機能しないでしょう。そこに何らかのコントロールがあるとしたら、私たちは自らの本質の中でくつろいでいるとは言えず、本質に近いどこかにいるのです。そして私たちが明らかに自分や人をコントロールしようとしているならば、私たちは完全に夢の国に逆戻りしています。ところで、私たちがとても深いところで安らいでいたとしても、そのコントロールという「存在のグリップ」はまだ存在しているかもしれませんし、私が出会った人々の例を見ると、確実にあるとさえ言えるでしょう。そのときには気づかれないかもしれませんが、そこにある可能性が高いのです。

生徒　そこには怖れもありますね。

アジャ　ええ、それは死への恐怖です。なぜなら私たちという分離した自己の死を体験することを通してその解放は起こるので、それはとても深い、計り知れないほど深いところでの死なのです。もちろんそれは幻想の死にすぎないのですが。

生徒　私たちが死ぬときも解放は起こりますか?

アジャ　いいえ、ちっとも。あなたは二万回の生まれ変わりを経て肉体の死を体験してもなおコントロールへの欲求をもちつづけるでしょう。

生徒　では「存在のグリップ」を手放すとは物理的な事柄なのですか?

アジャ　「存在のグリップ」とは肉体レベルでも感じられますが、肉体をはるかに超えた深いところにあります。たとえばあなたは、肉体が滅んでも（あなたが自分だと思っているところの今のあなたは）完全に生き延びられるのだと絶対的に確信できる体験をしたと想像してみてください。思い込みでも希望でも信仰でもなく、ただ一〇〇パーセントそうなのだとあなたは確信できるのです。そのとき、あなたは肉体が滅んで死を迎えることを怖いと感じるでしょうか？

生徒　いいえ。

アジャ　もしも自分は死なないという確信をもてるならば人々は肉体の死を気にかけなくなるでしょうから、ほとんどの人は物理的な死を怖がっているのではないと思います。彼らが怖いのは「私という肉体が滅びること」ではなく「私という意識がなくなること」なのです。

生徒　自分だと思っている「私」ですね。

アジャ　ええ、その「私」が死ぬことです。そして「私」が死ぬと思わなければ、肉体が死んでもあまり気にならないはずです。しかし実際には、死を怖がっている人は死に固執している人です。私たちが自分だと思っている「私」は、つまり私という人格はピンチを迎えています。それは消えてしまうかもしれないのです。ところで「私」とは馴染みのある思考の寄せ集めにすぎないので、それはまったくの幻想の死です。でも「私」がそれを自分だと思っていたなら、幻の死とは感じられないでしょうね。

生徒　では、それは何度でも起こるのですか？

アジャ　人生が時間切れになると起こるので、何度も繰り返し起こる可能性はあります。それは突然の場合もあれば、非常にゆっくりの場合もあります。ルールはたった一つ、つまり物事がどのように展開するかに関するルールはないのです。

生徒 私たちは質問をやめるべきですか?

アジャ いいえ、それでもうまくいかないはずです。それもまた強いコントロールですから。

生徒 でも質問するとき、私たちは何かをコントロールしようとしているんですよね。

アジャ ええ。しかし質問をやめたとしても、あなたはやはりコントロールしようとしています。私たち人間が自分のためにできる最善のこと、それはつねに絶対的にゆるぎなく完全なままでに自分に対して誠実であり、内なる完全性から行為することです。そしてあなたにとって非常に重要で深く真に迫った質問があるならば、それをたずねることです。私が言わんとしていることが分かりますか? あなたの中にある本質の完全性をつかむことのほうが、アイデアを求めて自分を安売りすることよりもはるかにたいせつなのです。内なる完全性を獲得することが人々を真実へ連れていってくれますが、それができる人はそう多くはないでしょう。人はみな自分の外から来る概念を用いて自分の内側にあるものを測ろうとしています。今夜、私と交わした質問はすべてコントロールの一形式だということをあなたが理解し、それゆえに質問をするのをやめるとしたならそれは愚かなことです。なぜなら、あなたはそのときまったく逆の方向へのコントロールを始めていることになるからです。

生徒　質問はいつか最終的には止むのでしょうか？

アジャ　ええ、それが大事な点です。質問が止むのは質問者がいなくなるときです。質問者が何かをたずねるのは、すべて「存在のグリップ」を強固にするためなのです。

生徒　自分を守ろうとして？

アジャ　そうです。たとえそのグリップが解放やゆだねることを求めたとしても、それはまだコントロールをしようとしています。それは「私は今手放すことを望んでいる」と言っているのです。そこで私たち自身のもっとも深い部分の内なる完全性が一番重要になってきます。私の師はよく「見かけ倒しの人は悟りに到達できない」とシンプルで深いことを言ったものでした。

生徒　それらの人々は真実を知りたがっていないということですか？

アジャ　彼らが真実を知りたくないかどうかは私には分かりませんが、多くの人にとって真の完全性を持続して長いあいだ保ちつづけることは非常に困難だということです。人々はあらゆる理由やアイデア、概念をもちだしてはそれを断念しようとします。同時に彼らは四〇〇冊もの本の教えに従い、内側で実際に起こっていることを見るのを避けるために何でもするでしょう。人々が内側を見て自分自身のもっとも深い完全性に触れたとき、すべてが開きはじめます。無数の疑問があふれだすかもしれませんし、何の質問もなくなってしまうかもしれません。どちらでもいいのです。それらはハートからやってきて、他の人や物事のためにハートを犠牲にすることはないでしょう。それはすべてが力強く生き生きとしている場所なのです。

歴史を通して非常に目覚めた手本とされているスピリチュアルな人々を見ると、その中心となる核の部分に一つのことを発見するはずです。彼らは絶対的なまでに冷酷なる正直さと自分自身に対する誠実さ、すなわち完全性をもった人だということです。人間にとってそういった行動をとることは、むしろ過酷とも言えるでしょう。なぜなら、私たちはふだん自分自身の不安や怖れ、疑いのほうに傾きがちだからです。

生徒　日常生活でそのように生きるのは困難だということでしょうか?

アジャ　いいえ。過酷なことですが日常生活は実際には何の障害にもなりません。人々は黄金時代を求めて教会や修道院、アシュラムに逃げて行きます。そうした隠遁生活を送った人々を見ると、いったいどの程度の人が実際に悟りを開いたのでしょうか?　成功率はかなり低いはずです。今日でさえ、こんな会話が交わされるかもしれません。

「あなたはどれくらい長く日本や中国やチベットやインドのアシュラムにいたのですか?」。「私はそこに十五年間いました」。ところで、私たちが宗教ではなくスピリチュアリティについて話しているとしたら肝心の質問とは何かをあなたは知っているはずです。「それを手に入れましたか？　あなたは目的を果たしましたか？　十五年間、悟りを開くためにそこにいたと聞きましたが、悟りは起こったのですか？」。

それが一番肝心なことです。それ以外の余計なことをすべて取り除いて、あなたが悟ったか悟らなかったかをたずねると、ほとんどの人が「いいえ」と答えるでしょう。修道院に行くことが無益だと言っているわけではありません。というのも、たしかに悟りの可能性はあるからです。私が言いたいのは、それがどこであっても私たちがいる場所すべてにおいてコントロールしようとする意志を手放しはじめるとき、悟りによりふさわしい場所など、実際にはどこにもないということに気づくのです。私たちはもう言い訳ができなくなるのです。

あなたは人生において言い訳ができなくなってしまったように感じたことはないでしょうか？　そのときあなたは突然、自分が壁にぶつかったように感じ、その瞬間、根源的な内なる変化が求められていると感じるかもしれません。それゆえ何かを避けようとすることを手放すなら、すべての人の人生はあるがままでその人自身の精神性や霊性の展開にとって完全なる道筋なのです。あなたがＩＢＭで働いていてこのパロアルトにいようとも、どこかの修道院で僧侶になっていようとも関係ありません。どこにいようとも、どんな状況の中に入って行こうとも、つねにあなたは同じく根源的な質問を携えています。そして何をしていようとまったく関係なく、ただ、あなたの存在の在り方だけが問われるのです。

生徒　私の本質が問われるというのなら、それまで自分だと思っていたものがすべて永遠ではないと知ったとき、そして「私」という意識が消えてしまったとき、いったい何が起きるのでしょう？

アジャ　それはあなたが体験して見つけだすことです。あなたは、たとえようもないほど美しいパラドックスの世界へと入っていくでしょう。そこには「私」はなく、いたるところに「私」があります。それはどちらも同時に真実です。あなたにとって受け取ることが可能な、おそらく最高に楽しい体験となるでしょう。そこには小さな「私」はなく、大きな一つの「私」だけが存在し、すべてを内から輝かせています。しかし、それは単なる私の言葉にすぎません。他の人の真実に満足してはいけないというのも完全性の一つの要素です。あなたは、あなた自身の真実を求めてください。それだけが自分を知るたった一つの方法なのですから。誰かに頼らずに自分自身で自己を発見してください。

まさしくここにあなたが体験できる神秘があります。その神秘の最中にあなたは「分離した自己はいない」といった直感的な世界をすぐにも垣間見ることができるでしょう。本当の自分を発見することはできなくても、あなたがこの場にいるのはその無という気づきがあるからこそなのです。瞑想用のクッションに座って二〇年間ずっと座りつづけている人でさえ得られないかもしれない世界を、あなたは最初から体験できるのです。私たちはシンプルなことを見逃してしまいがちですが、それはすべての人が見ることのできる世界です。それが目覚めのすばらしい点です。それはあなたの身近にある世界なのです。

16章 手放す

LETTING GO

ここに幸せになるための小さな秘密があります。その秘密とは、この瞬間のあなたの欲求をあきらめることです。何かが欲しいとか何かがいらないといった気持ちをあなたが抱えているとき、そこに苦しみが生まれます。なぜなら、あなたの要望が条件付けされたマインドの夢の状態へとあなたをしっかり縛りつけるからです。「こうしたい」「そうありたい」といった欲求があるとき、あなたは完全に今を見失っているのが問題なのです。

もっとも高次の聖なる願いへの傾倒さえも手放し、愛を求めることさえ手放してください。あなたが何らかの方法で愛されることを求めると、たとえ愛が得られたとしても決して十分ではなくなります。次の瞬間に願いはさらなる願いを生み、あなたはふたたび愛されることを求めるでしょう。しかしあなたが手放すとその瞬間、愛がすでにここにあることを知るでしょう。マインドは自分の欲求を手放すことを怖れています。というのも、もしも望みを手放してしまったら、欲しいものが手に入らなくなると考えるからです。欲求をもつことで何かが叶えられるという考え方は真実ではありません。平和を追い求めるのをやめ、愛を追い求めるのをやめましょう。そうすれば、あなたはより良い方向に向かっていくでしょう。そしてあなたが何かを許そうとする努力をやめたとき、許しがもたらされます。つまり立ち止まってじっとしていることがたいせつなのです。

閃光のような目覚めは、この瞬間のあなた自身やすべての人々に対するすべての欲求をそぎ落とすでしょう。ほんの一瞬でそれが起こるのです。何の意図ももたなければ、それはとても簡単です。しかし一度あなたに超越的な瞬間が訪れても、その後で自分や世界に対する願いをもちはじめると、ふたたび混乱に陥《おちい》るでしょう。なぜなら存在の本質が覆い隠されてしまうからです。何かを願うことは、あなたが自分のポケットの中に入っている宝石をどこか別の場所に探し求めながら、自分を無一文だと主張するようなものです。その主張を取りさげて手をポケットに入れたとき、あなたは「今」という豊かさがあることに気づき、その豊かさが何らかの結果としてついてくるものではないことを知るでしょう。

大いなる自己の美しさとは、何かを得ることやまわりの尊敬や賞賛を集めることや、人に見られたり注目されたりすることとは無関係です。それはあなたに本来備わった美しさであり、内なる幸福感なのです。それを深く体験するためには、答えとしてではなく質問としてその中に深く浸らなければなりません。
「この幸福感こそが私なのだろうか？　今まで私は価値があるとかないとか、人生で演じてきた社会的な役割から自分を見るという間違いをしてきたのだろうか？　存在するすべての物や人に本来備わった内なる幸福感を、私はこれまで見逃してきてしまったのだろうか？」と。

その幸福感は触れることができないので隠れてしまったかのように見えますが、本質的には隠されていません。私たちはマインドが構築したものしか見ないために見逃がされがちですが、実はマインドの構築を可能にしてくれるものを見落としているのです。私たちが信じることや信じないこと、感じたりすること、内面の動きや外的な動きはすべて来ては去っていくでしょう。そして目覚めた空間だけが取り残されます。あなたの中には、それら行き来するものをはるかに超えた大きな広がりが存在しているのです。

本当のあなただけは、あなたには手に入れることができません。それこそがすばらしい点なのです。あなたは神以外のものをすべて手に入れることができますが、神だけは得ることができません。あなたにできるのは偽ることをやめて、自分が神だと認めることです。それは過去において「エゴの死」として脚色され、さまざまなドラマがたくさん付け加えられました。エゴとは愛や神、お金や新しいオモチャなど、単純にいつも何かを欲しがるマインドの動きです。エゴはいつも幸せになるためには何かが必要だと考えているのです。

エゴが努力して獲得することができない唯一のものとは、あなた自身に本来備わっているものです。数えきれないほどのスピリチュアルな体験を積むことはできますが、あなたが誰かを知ることはできません。この瞬間という本質を手に入れることはできません。なぜなら、それだけがつねに動きつづけるものだからです。だからこそ、それを見ることを悟り、つまり気づきというのです。あなたはつねに存在し、つねに存在したもの、そしてこれからもつねに存在するであろう本当の世界に気づくのです。目覚めを一瞬でも体験したことのある人は大きな衝撃を受けるでしょう。というのも、あなたが生涯をかけて追い求めてきたものを、あなたはすでにもっていたことを知るからです。

それはまるで物乞いが自分のポケットの中に宝石を見つけるようなものです。おそらく彼はいつも他人のポケットの中にばかり手を入れてきたので、自分のポケットに手を入れる機会がなかったのです。私たちが自分のマインドや手を霊的指導者のポケットにばかりしのばせているときも精神的な意味で同じことが起こります。私たちは霊的指導者のポケットの中にダイヤモンドを発見し、そのそばにいつもいたくなるのです。「あなたのポケットの中をごらんなさい。まったく同じ宝石がないかどうか、あなたの内側を見てごらんなさい」という指示にあなたが気づくことができるなら、それも意味のあることでしょう。

私たちは他人のポケットの中に手を入れて探し物をするゲームを終わらせる覚悟をしなければなりません。でなければ、自分という本質の一部だけを見て「ああ、なんてすばらしいのだろう」と言いながらも他人のダイヤモンドを探しつづけるでしょう。自分の本質をある程度知りながらもゲームをやめられないたくさんの人に私は出会ってきました。あなたがお馴染みの役柄を演じるのをやめようと心から決意することが必要です。あなたが愛やお金を追い求めたとしても、あるいは悟りを追い求めたとしても、それがこの世界でのあなたの役柄や自己と同一視してしまい、本当の自分を知ることはできません。あなたに手放す準備ができていなければ、もっとも価値ある宝石の輝きを自分の中に見つけたとしても、その宝石を古い馴染みのある感情のための生贄《いけにえ》として捧げてしまうでしょう。

いったい何人の人が、関係がうまく機能していないことを知りながらもその関係を終わらせたらどうなるのか分からないという怖れから、荒廃した人間関係の中にずるずるととどまりつづけているでしょうか？　その傾向は「私はこの仕事を続ける。大嫌いだけど続けるわ」「私は何かを追い求めつづける人間。求めることをやめたら自分がいったいどうなってしまうか分からない」といった思い込みとともに人生のいたるところで機能しています。それは私たちが真実の自己に近づくことを避けるための人類に蔓延したゲームなのです。あなたは言葉では言い表せないほど美しい神秘です。その自己に意識的に気づいた状態でその神秘でありつづけることは、もっとも偉大なる喜びなのです。

「私は……になる」という歯車から降りる準備をすることは、自分が誰で、どんな存在かを知ることと同じくらい重要です。あなたは幸福で自由になり、ゲームも消え去るでしょう。しばらくの間は人にどんなふうに話しかけ、何をしたらいいのか分からなくなるかもしれません。そしてあなたの人生は馴染みのないものになってしまうかもしれません。それは非常に神秘的な存在の在り方なのです。私の師はよく「自分が誰なのか本当に気づいたあなたは、生まれたての赤ちゃんブッダのようです」と言いました。自分以外の人になることで忙しかった後に、あなたはただ在ることを知った状態で子宮から生まれ落ちるだけではありません。それはあなたが不安定な足取りで立ちあがる最初の数歩なのです。ところで、その不安定な足取りや無防備な状態をあなたは自ら受け入れなければなりません。というのも、もしもそれを受け入れなければ、あなたは自己防衛と探究という古いやり方に逆戻りしてしまうからです。

私たちは何か特別なものを愛することには慣れていますが、ただあるがままにすべてを愛することにはとても不慣れです。でも、あるがままの自分を愛するという新しい体験をするとき、あなたは不思議な親しみを覚えるでしょう。まるでずっとそうだったことを知っているかのような懐かしい感覚なのです。それはとても古い感覚のようにも、生まれたての感覚のようにも思われるのです。

過去の時代には、赤ちゃんブッダが一人立ちするための社会的に認められた組織として修道院がありました。そこは起こっていることを理解することができる人々のいる守られた空間でした。ところで今日、修道院に収まりきれないほど大勢の人が目覚めはじめています。それは「悩まなくても大丈夫」と言えるようなしっかりと組織され守られた聖なるコミュニティがないという意味ではありません。いずれ時が来ればすべては明らかになるのです。新しく誕生したばかりの聖なる存在の目覚めの直後に、朝七時にアラームが鳴り響くでしょう。それが仕事へ出かける時間なのです。少し分かりにくい話かもしれませんが、そのようにしてすべては起こるのであり、それが私たちの宿命なのです。ですから、あるがままにすべてを受け入れようとする意志がたいせつです。悟りを得ようと努力すればするほど、悟りはあなたから隠れていくでしょうから。

私たちという存在の本質に気づき、それを深めていくことはとても力強い体験です。時間と空間の世界で、その気づきは自然に成熟していきますが、同時にいっときで花開くわけではありません。必要なのは全幅なる信頼です。赤ちゃんから子どもになり、子どもから青年になり、そして青年から大人になる、その自然な成熟のプロセスを信じることがたいせつなのです。

17章 慈愛

COMPASSION

苦しみには二つの種類があります。一つめは自然に生まれる苦しみです。空腹や肉体への脅威による痛み、愛する者を失った後に起こる精神的な苦しみといった、ごく自然な状態の中での痛みです。それらは避けようのない自然発生的な痛みでもあります。そうした痛みに対する思いやりについて話をするのは簡単です。人は空腹になると食料を欲しますが、精神的な苦痛を受けるとその苦痛を開いて解きほぐすための空間が必要になることがあります。その空間が他の人によってもたらされたものであれ、自分が自らに与えたものであれ、その空間を自分に提供してあげることが非常に深い思いやり、すなわち慈愛の行為となるでしょう。もっとも基本的なレベルの苦痛を私は「痛み」と呼びますが、それは物理的な方法で解消されうる痛みです。中世ドイツの神秘主義者であるマイスター・エックハルトは、すばらしい方法でそのことを言い表しました。彼は、あなたが瞑想で恍惚状態にいるときに隣人が空腹で一杯のスープを必要としていたら、隣人にスープを与えることのほうが瞑想で至福状態にいることよりも、神の目から見るとはるかにずっと喜ばしい行為だというのです。

こうした類いのもっともシンプルな思いやりの行為には喜びが伴います。自らの本質に目覚めていなくとも、私たちは哀れみに近い気持ちからそうした行為をとるかもしれません。しかし自らの本質に触れる経験をした人は、欲求が満たされた瞬間に喜びが生まれることを発見するはずです。私たちの大いなる自己の無私の側面が目覚めるとき、その本質は決して何かを避けるのを求めてはいないことを知るのでしょう。

そして二つめの苦しみに関してですが、苦痛の九五パーセントから九九パセント、すなわち大部分は内なる分離感によってもたらされた精神的な苦しみです。この種の苦しみは人が自分の本質を知らないことから生まれます。自らの本質を完全に知るというのは分離していないということです。とはいえ一度悟りを得たら、決して欠乏感を体験することはないという意味ではありませんし、最愛の人が死んでも決して悲しみを経験することはないという意味でもありません。あなたはマインドが不快に感じる状態を体験するかもしれませんが、はじめの悲しみをさらに大きく広げるような内的挫折を体験することはないという意味です。それは避けられない痛みの上に加えられる、さらなる苦痛の上塗りから生まれるものだからです。

真実の自己は分離することができませんが、想像上の自己はたやすく分離することができるでしょう。ほとんどの苦しみは、あなたの頭の中に存在する分離した自己から生じます。あなたが自分だと信じているその分離した自己が、身体の他の部位へ信号を発信することであちこちに感情的なトラウマや挫折体験がもたらされるのです。仏教には「輪廻」と呼ばれる苦しみの循環に関する話がありますが、それはこの内なる挫折感、つまり偽りの自己という感覚から生まれる苦しみです。それは周期的に、そして自動的に個人にかかわりなく起こるでしょう。あなたが望むと望まないにかかわりなく起こるのです。それはこの世界とつながっています。というのも、この世界は全般的に輪廻の循環の上で機能しているからです。

輪廻とは、完全なまでに無意識なる状況の展開です。ある人が受けた行為が他の五人の行為の引き金となり、その五人それぞれがさらなる五人の行為を誘発し、車輪の放射状の輻《や》のように行為の循環が続いていき、多くの人が影響を受けるでしょう。その車輪から抜け出すには車輪に関すること、つまり私はこういう感情や問題をもった存在だという概念はすべて誤解だという事実に目覚めることがたいせつです。私たちがそれを輪廻と呼ぶのは実在するものではないからです。それはあなたの両耳に挟まれた頭の中にだけ存在するものなのです。私たちの文化では輪廻の苦しみは崇高なものと見なされがちです。あなたの自分に関する見方が単なる幻にすぎないと思うことは冒涜に近いのです。私たちは輪廻の苦しみの循環から飛びおりて「私」という催眠から目覚めることを決して期待されてはいないのです。

火星人の国を訪れている自分をイメージしてみましょう。あなたには一人一人の火星人がそれぞれ頭の中に「私」という物語の筋書きとともに個別化された自己という感覚をもっているのが見えますが、どの物語も真実でないことがはっきりと分かるでしょう。それらの物語を全部取り除いたとしても、彼らには何の支障もないことがあなたには分かるのです。というのも、気づきの光とは実際に人生を生きることですが、物語とはその光を途切れさせるものだからです。すべての存在は気づきという光ですが、誰もが「本当の自分」という物語を信じ込んでいます。それは狂気の沙汰なのです。ところが人々は自分の物語にとらわれるのがあたり前だと考えています。なぜなら、それが当たり前だという集合レベルでの同意が存在するからです。だからエゴのもつ狂気が正常と見なされるのです。

あなたは自分に関して信じているどの物語でもありません。本当のあなたとは物語を超えた存在なのです。だからこそブッダは「自己はない」と言ったのです。現代の言葉でなら彼はきっとこう言ったでしょう。「私に関する物語はない」と。あなたの分離感や孤独感はすべての苦悩の根源です。あなたは自分のイメージや信念の寄せ集めに意識を向けているがゆえに苦闘しなければならないのです。あなたは分離した自己感覚を維持するがために、その分離感を取り除こうとしているときでさえ、もがき苦しんでいるのです。あなたが葛藤や努力を手放したとき、分離した自己はないことに気づくでしょう。実際、そこには自己はありません。ですから、この「自分」という感覚はものの名前を表す言葉ではなく、「葛藤」と呼ばれる行為を表す言葉なのです。そしてあなたが葛藤しているとき苦しみが生まれるのです。

なぜ人間は悩み苦しむのでしょうか？　そこに何らかの利益がなければ、あなたは悩むことも葛藤することもないはずです。スピリチュアルな人々は「なぜ私は、ただ手放すことができないのだろう？」と思うでしょうから、これは理解すべきたいせつな点です。あなたがそれにしがみつくのは、そこから何らかの恩恵を得るからです。つまりあなたは「私でいる」ことを体験する必要があるのです。あなたにとってそれは一〇〇パーセントひどい体験というわけではなく、何らかの満足感を得ているのです。時間的制限のある自己という感覚にとって、一時的にせよすばらしい体験が得られるのです。分離した自己という感覚が非常にポジティブだと感じられるような体験がたくさんあるからなのです。たとえば隣人の家へ行き、カードゲームに勝って意気揚々として帰ってくることもできるでしょう。株で当てて一年間は裕福な暮らしの中で最高の気分を味わえるかもしれません。セラピストや精神世界の指導者のもとへ行って、自分の成長を感じて気分が良くなるかもしれません。しかし、それらは偽りの幸福であり、本当の幸福ではありません。偽りの幸福とは一種の催眠状態であり自己欺瞞なのです。

自由、そして悟りには死が大きく関与しています。非常にシンプルなことです。悟りとは抵抗を完全に手放すこと以外の何ものでもありません。物語の終わりです。あなたにとってすべての抵抗や葛藤が終わること以上の自由など、他にありえないのです。しかし葛藤をやめるためには、自己イメージやものの見方、考え方を手放さなければなりません。それは非常に重要なことです。というのもスピリチュアルな人々はアイデンティティを手放すことを欲しますが、自分がどのように世界を見るかという見方には固執するからです。ところが悟りにはものの見方はいっさい含まれないので、そこから悟りに至ることはできません。悟りには日常の予定や日程表はなく、この世界や自己や他者への偉大なる要求や期待もありません。そこには焦点はなく、ただ愛だけがあるのです。

イメージの中の自分には焦点があり、すべてが自分に対して起こってくると感じています。「私はこの宇宙のドラマの主人公だ」と思うのです。イメージの中の私は夢の中でさえもっとも重要な役者としての役割を演じます。それが私の言う焦点という意味なのです。すべての出来事は自分に関連があり、個人的なこととして起こると考えるのです。

しかし真実はどこにも焦点はなく、すべてはただ起こるのです。たくさんの気づきも得られるでしょうが焦点はありません。もちろん個々の肉体には中核となるものがあるかもしれません。しかしその中核をすべての焦点と考えるのとは違います。地球が宇宙の中心であり、すべてはそのまわりを回っていると科学者が考えていた頃を思い出してみましょう。同じように私たちはすべての生活が自分を中心に回っていると思い込んでいるのです。

思いやりや慈愛とは、人の幻想の物語に参加することだとあなたが考えていたときのことを覚えているでしょうか？「私があなたの幻の物語をサポートすることで、あなたも私の物語をサポートしてくれるはず。そうすることで私たちは本当にしっかりと固く結ばれる」とあなたは思っていました。しかし私が言っている思いやりとはもっと別なものです。それは真実への専心という思いやりなのです。そしてその思いやりの最初の行為は、自分自身へ向けたものでなければなりません。世界には自分以外のみんなに愛情深く接し、この世を救いたいと考えている人が実に大勢います。しかしそれらの人々は、自分にそうしたいとは思っていません。なぜなら、そうすると焦点がなくなってしまうからです。ところが焦点を取り除くことこそが究極の思いやり、すなわち慈愛の行為なのです。そのとき自由が生まれます。気づきという自由、輪廻の物語を生きる代わりにスピリットとしてあるがままの自分を生きるという自由が生まれます。その真理への専心が慈愛という動きとなって自分白身だけでなく他の人にも流れていくでしょう。そして私たちの自分に対する行為が自動的に人への行為となることを知るのです。

あなたがあなたの物語から目覚めたとき、他の人に対してどんなふうに感じるでしょうか？　彼らは、彼らの物語ではないこと、彼らもまたスピリットだということ、そしてそのスピリットは彼らの物語からも、あなたの物語からも完全に独立しているということに気づくでしょう。そのときあなたは自分という焦点をなくすだけでなく、あなたが彼らを押し込めようとしていた「入れ物」という彼らの焦点をも失うでしょう。あなたは自分とまったく同等に彼らを見るのです。そこに悟りが決して個人的な事柄ではないという理由があります。あなたは「他の人はまだ悟っていないけれども自分だけが悟った」と感じることができません。それは他のすべての存在の本質を見ずして自分の本質を見ることができないからです。それは絶対に不可能なのです。それが思いやりや慈しみという行為であり、愛という行為なのです。

愛の行為以上に降伏を生じさせるものはありません。そして思いやりや慈しみはごく自然に降伏をもたらします。ところで何かを獲得するためにゆだねようとすることは本当の降伏ではありません。すべてをゆだねるのと引き換えに完全なる覚醒を期待するのはスピリチュアルな人々の熱狂なのです。「一ドルあげるから、お返しに百万ドルください」と言っているようなものです。真の降伏とは「どうか私をお金から自由にしてください。私はそれを欲していませんし、必要ともしていません。私はお金のない喜びを体験したいのです」といった感覚により近いものです。

降伏とは自分自身に関する物語を手放すことであり、自分の目覚めの物語さえも手放すことです。私たちの物語には何の真実もないと知ることなのです。私たちは誰一人としてそれを真実の物語につくり変えることはできません。つくり話は決して真実にはなれません。私たちはそれを少しましな話や悲惨な話に書き直すことはできますが、それでもつくり話はつくり話にすぎないのです。自分の物語が真実ではないと見はじめることが目覚めです。「神よ、これはつくり話でした！」と気づくことが自由なのです。エゴやイメージの自分はいまだにつくり話に興味があるので、それをひどい仕打ちだと思うでしょう。しかし気づきにとっては、すべてがつくり話だと知ることがもっとも偉大なる自由です。そのとき私たちは本当の真実を見はじめるのです。

気づきが自分自身や人生、他の人々に関する物語から自らを切り離すとき、真実だけが取り残されます。あなたはそれを言葉で言い表すことはできません。なぜなら表現されたとたんに、それは別の一つの概念になってしまうからです。しかし人生を何の物語も加えずに眺め、認識し、体験することで自分という焦点をなくすことは、あなたが自分や人のためにできるもっとも偉大なる思いやりの行為です。なぜなら、あなたはそのとき「自己のない」状態だからです。無私の状態とは文字通りの意味であり、私という焦点や物語のない状態です。それはマインドが思い描くロマンチックな自己犠牲的イメージとは違ってます。無私とは自己という存在のない在り方なのです。

焦点がないという意味もマインドの考えるそれとはまったく異なっています。あなたにはすでに中心がないと気づくことは、非常に深い奥底にある愛、つまり私たちに本来備わったつくりものではない愛に気づくことです。それは理由のない愛です。何の理由がなくてもあなたは平和でいられる、そんな存在なのです。良い気分になったり、幸福に感じる理由がなくても、あなたは平和でいることができます。愛はつねに苦しみを和らげることを求め、物語ではなくその話し手、つまり私という幻を消し去ることを求めるでしょう。

あなたはどんなときも「今」にいられることに気づいてください。この今という瞬間とは非常にシンプルです。あなたはここ以外の他の場所で何かになろうとする、あるいはどこかへ行こうとする予定や計画をすべて失うでしょう。なぜなら、今ここにすべてがあるのですから。あなたは自分が解決されるべき問題ではなく、あなたの隣人もこの世界もそうではないことを知っています。それは人間の意識の在り方を変える大革命なのです。自分が解決されるべき問題ではないとあなたが本当に受け止めるとき、どんな感じがするでしょうか?「それはあるべき姿ではない」とあなたに語りかけるすべてが、実はマインドの動きにすぎないと知ったと想像してみましょう。そのとき、もっとも偉大なる慈愛の力が内側で働き出します。自分を問題視しなくなったとき、あなたの中に「すべての理解を超越する平和」が広がるでしょう。

誰もがブッダだとあなたが見ることができるようになるまでは、あなたはありのままの姿を見てはいません。マザー・テレサは、かつて病人や餓えた人々の世話をしたとき、すべての人々の中にいるイエスの世話をしていると語りましたが、それは耳慣れた精神世界の常套句《じょうとうく》ではありません。それは実に明確な真実なのです。真のキリストはすべての存在の中にいます。それはブッダがすべての人の中にいるというのと同じ意味なのです。そしてそれに気づくことができるのは、あなたの中の内なるキリストだけです。内なるブッダだけがブッダに気づき、内なるワンネスだけがワンネスに気づくのです。「私」という自己は決してワンネスに気づくことはできません。

誰もがみな男性も女性もそれぞれの気づきを一日二十四時間、ラジオ放送の電波のように発信して伝えつづけています。そして誰もがそれを受け取っています。自分の真の本質は自由であり、空《くう》であり、純粋なスピリットであり、実在だと知るとき、あなたの日には他の誰もが同じように映るでしょう。しかもあえてそう考えずとも、あなたはそれを発信していま す。一方、誰もが分離していると思うとき、あなたはどんな行為をしようともその信号を送っているのです。

自由を体験することで、あなたは内も外もないことに気づくでしょう。というのも、すべては一つであり、それは私が伝えることの中でもっとも力強いビジョンだからです。自分の中にブッダを見る者は、一万冊のブッダに関する本を読むことよりも価値があるということを私は約束します。

慈愛というもっとも深い感情は何も変えようとはしませんが、逆説的にすべてを変容させるでしょう。あなたが何も変わることを求めない内なる自分に触れるとき、絶対的なまでに無抵抗な自己に触れることで、あなたのものの見方がすっかり変わるのです。条件付けの意識が内なる無条件の意識に触れるとき、あなたの条件付けの意識は完全なまでに変容を余儀なくされるでしょう。それが聖なる錬金術であり、慈愛なのです。

○

生徒　自己という意識への執着はすべての人にとってトラウマになっていますか?
アジャ　テレビをつけて隣人の話を聞いてみましょう。あなたが誰かという条件付けがなされる限り、それはつねにトラウマであり不幸です。ところで自己という感覚は本質的にはトラウマではありません。それに二次性収縮がもたらされることでトラウマとして体験されるのです。新聞を開いてみてください。そこには個々の「私」の日々の物語が書き記されています。それは純粋なまでに狂気の世界なのです。
　アイデンティティをなくすことよりも真実に焦点をあてることのほうが重要です。あなたは自己という感覚に意識を向けたままアイデンティティをなくすことはできません。本物と本物ではないものを識別することを学ぶことがたいせつです。ほとんどの人は、私という感覚が浮上するとそれをなくそうとするか、またはそれを甘やかそうとして、あまりにも速く動きすぎるために真実が見えなくなってしまうのです。

生徒　あなたにとって真理とはどんなものですか?

アジャ　真理とは、私にとってもっとも興味深いものです。それが唯一、興味を覚えるものなのです。真理はつねに新鮮であり、他のすべては極端なまでに退屈です。私にとって真実だけが起こっていることなのです。そこにはいつもブッダがいてワンネスがあります。真理への興味が真実と真実でないものを見分ける力になるでしょう。それは結果を追い求めようとすることとは非常に異なります。あなたが結果を追い求めようとしなければ、何が本当で何が本当ではないかを見分けることが非常に興味深く感じられるはずです。
　脳とマインドは実用的な事柄を上手にこなしていく器具が詰まった道具箱を提供してくれ

ます。しかし道具箱のマインド周辺の思考はすべて物語でそこには真実はありません。そこには客観的実在はないのです。あなたの頭の中で起きているすべては真実ではなく、ただのつくり話にすぎないのです。では物語をもたないあなたとは、いったい誰なのでしょうか？

分離という世界ではつねに知るべきことがあります。しかし悟りの世界では知るべきことはありません。悟りとは、実は無知へ至るプロセスなのです。あなたのマインドが何も知らないと言うとき、真理だけが取り残されます。その類いの知は語られたことさえありません。なぜなら、あなたが語ろうとするならマインドがそれをすばやくつかみとって思考的な知へとつくりかえてしまうからです。真理は象徴的な表現の中には決して見つけることはできません。なぜなら、それは実在するものではないからです。私たちがそれを理解するとき、マインドの中で真理の探究に費やされていた多くの無駄な時間がはるかに短縮されることでしょう。

18章 真理の炎

FIRE OF TRUTH

数分間じっと耳を澄ませてあなたを取り巻くものに意識を向けてみましょう。あなたが深く耳を傾けて親密さを感じ、その瞬間をありのままに体験することを自分に許すとき、感情体やエネルギー体が和らぎます。あなたが静寂の音に気づいていくと、あなたを包み込む部屋の中と外の空間の匂いや感覚をとらえ、あなたの感覚というものが皮膚と骨だけに限定されたものではないことに気づくでしょう。あなたの肉体の外側の空間の音や雰囲気という環境に対して自分を開く機会を与えてください。

リラックスすればするほど、それらの音や体験があなたを貫いて何の防御もなくあなたの中を流れるでしょう。あなたは自分がより穏やかになって開かれていくように感じるはずです。あなた自身をその開かれた世界へと招き入れてください。あなたの皮膚の内側で起こっていることと外側の世界で起こっていることの境界の感覚が次第に透明になっていくのを発見するかもしれません。内と外を隔てる境界線がまったくないように感じるかもしれません。外の世界の雑音とあなたが内側で体験していることが似たような性質の音になっていくのを体験してみてください。あなたの肉体の中で感じることは、走り去る車や木の枝の小鳥のさえずりと本当は違うものではありません。あなたの肉体の中の感覚はあなたが座っている部屋の中の空間の感覚と比べて、よりあなた自身に近いとは言えません。ところが、あなたが何らかの体験の所有権を主張したとたんに、この世界は「内と外」「私と彼ら」「外の音と私」に分離しはじめます。しかし内側で起こることも外側で起こることも、本来すべてが単なる体験であり、同じものなのです。私のものでもなければ、私以外のものでもないのです。

静けさは肉体を開き、あなたがそれを許すならばスポンジのようにあなたの中に浸みていくでしょう。言葉ではなく、あるがままをじかに体験することで、静かなる理解がもたらされるのです。「代わりの体験を探し求めない」という大いなる才能を自らに許容してください。ほんの少しの間、何も考えずにそれを体験してみましょう。いったいそれはどんな感じがするでしょうか?

この瞬間を体験している主体がどこにもいなくても、その「無」という世界は知覚され体験されることに気づいてください。この瞬間を感じて体験することは神秘ですが、あなたはそれを言葉にすることはできません。なぜなら、あなたが言葉にしたとたんに、それは変化してしまうからです。それは言葉や概念よりももっと親密で近しいものです。それについてあなたが考えたとたんに、それはもう変わってしまっていることに気づくでしょう。それは思考に先立ってすでにあるものなのです。何の説明も不要です。ただその鋭利な刃のような絶壁の上に安らいでじかに体験して感じてみてください。まるであなたがいると知りながらも、あなたという存在がいないかのような感覚を。

瞬間という神秘へのあなたの思いが天国と地獄を隔てるでしょう。思考はマインドによって分析されるために絆をバラバラに切り裂きます。しかし静寂はふたたび絆をつなぎ合わせます。この瞬間の体験とは形のあるものですがとらえることはできず、感じることができても言い表すことはできません。目覚めたこの瞬間をつかまえるのは不可能なのです。あなたはそれをとらえて説明しようとするむなしい試みに時間を費やすこともできますが、代わりにただ手放すこともできます。詰まるところ、あなたはあなたではないかもしれません。あなたは一瞬一瞬という体験の内側で目覚めたこの存在かもしれません。それを知ろうとする代わりに、ただあるがままであろうと意図してください。肉体が開かれると静寂を通って音が流れだします。自らを静寂だと知っているあなたは誰でしょう？　それは言葉にできません。道に迷ったなら、ふたたび音に耳を傾けましょう。それらの音はあなたを静けさへと引き戻し、静寂と音が同時にある世界へと帰還させてくれるでしょう。何かの思いに自分を見失わないでください。さもなければ、あなたはあなたの人生を見逃してしまうでしょう。ただリラックスしてくつろいでください。それは信頼するという、もっともシンプルな行為なのです。

あなたの中で目覚めた気づきは自分自身を知っています。マインドはそれを知りませんし、肉体もそれを知りません。感情もそれを知りません。目覚めだけが自分自身として自らを知るのです。この真実はシンプルであり、すべての概念的理解を超えたものです。それは探し求める前にすでに身近にあるものです。それはつねに存在し、このたった今という体験のあらゆる側面として自らを見せてくれるでしょう。

あなたにはつねに二つの選択があります。一つめは馴染みのある選択で、この神秘的な目覚めを何か別のもののために犠牲にするという選択です。二つめはあなたがどこにいることになったとしても、この目覚めて在るものを犠牲にしないという選択です。あなたはより良い時やより良い出来事、より良い体験というさらなる期待のためにそれを犠牲にしない選択ができるのです。真実に対して真摯に向きあうかどうかはあなたの選択です。そしてそれが「真理の炎」なのです。今あなたの中であなたとして目覚めているそれは、たとえ何であろうとも、その他の主張の不適切さを完全なまでに暴くでしょう。自らに目覚めているそれは真実でないものすべてを無意味にしてしまうでしょう。その静寂は何か他のものをつかもうとするにぎりこぶしを燃やし、駆引きなしに自らを生きるために、あなたの人生を解き放つでしょう。その腹の底から突きあがってくるような招きを感じ、その他のすべてを下に置いてください。その招きはあなたの人生や時間、あなた自身やあなたの先生や友人と駆引きをするのをやめるよう求めています。ただやめるのです。その炎は見ることも知ることもできませんが、自らの本質以外のすべてを焼き尽くすでしょう。そして最終的に目覚めがすべての体験の中核となるのです!

誰もが自分が人生に何を与えるかという選択肢をもっています。それは以前にはまったく知らなかった選択かもしれませんし、意識的にはしたことのない選択だったのかもしれません。でも今はそれがあります。あなたにとってたいせつなのは何でしょうか? あなたは自分の魂に何を与えたいのでしょうか? 私はあなたが何を選ぼうと気にしませんし、神もあなたの選択を意に介さないでしょうが、あなたはこだわるべきです。なぜなら、あなたこそがあなたの人生に期待しているたった一人なのですから。

あなたの中で目覚めているそれは音を聞き、あなたの瞳を通して映る光景に気がつくでしょう。見えるものや聞こえるもの、感じるものに自分を見失わないでください。それらに対して完全に自分を開きながらもじっと動かないでください。静けさと目覚めの中にいてください。この瞬間から瞬間への選択こそが「真理の炎」です。それは目覚めとともにドラマチックな何かを残すのではなく、喜びや平和や興奮よりもっとあなたを満たしてくれる言葉にできないものを残すでしょう。目覚めているそれを何かの代わりに手放そうとするときは、あなたが何を手放そうとしているかに注意を払ってください。その取引はあなたが本当に望んでいることかどうか確かめてください。たとえ身の安全や他人の信用を得るためだとしても、その目覚めているものを手放すことを自分の中で少しも望んでいないとあなたは気づくかもしれません。そしてそう気づくことは真の恩寵なのです。

いたってシンプルです。瞬間の中にあなたは交渉や駆引きのない人生を獲得するのです。「真理の炎」は、あなたが他の人や何かを変えたいという欲望のために行う交渉や取引きを一掃するでしょう。そしてあなたは何の変化も――自分自身の変化さえも――あなたをより幸福にしてはくれないことを理解します。その恩寵を十分に受け取るためには、あらゆる場所のすべてのものや人にそれが与えられなければなりません。目覚めているそれは、誰にも変化や進歩を求めません。それが炎であり、炎から生まれた灰なのです。「ちょっと前まで、僕は君に変わってほしいと思ったけど、今はそう思っていない。君はすばらしいし、みんなもすばらしい」とあなたは納得するでしょう。何が起こったのでしょうか？　誰も変わらず、誰もあなたのパターンに従わなくても幸せはそこにあります。そして誰も変わらないということが、より美しい世界をもたらすのです。存在と生命の多様性ゆえに、より美しい世界が現れるのです。目覚めているそれは私たち一人一人の中に等しくあります。そしてまわりのすべてのものは多様性の美しくもすばらしい現れなのです。

私があなたに変わることを望み、あなたが私に変わることを望むと同時に、私たちの存在のまさに心臓部に短刀が突き刺されます。それをすぐにあなたは感じとることができるでしょう。「真理の炎」はあなたの手から短刀をもぎ取ります。その解放の中で神秘的な変容のエネルギーが解き放たれ、私たち自身だけでなくまわりのすべての人やすべての存在の変容が起こるでしょう。「真理の炎」はあなたを肉体の細胞レベルから変容させますが、あなたがそう意図して欲しているからではありません。あなたが意図しないからこそただ起こるのです。私たちが何かを欲したとたんに、変容のエネルギーは流れを止めて閉じ込められてしまうでしょう。マインドが真理を箱詰めにして自らの概念でそれを理解しようとするのは、重い石を鏡の上に落とす行為にも似ています。体験はこなごなに砕け散り、あなたは即座にマインドと肉体に緊張を感じるでしょう。その変容には「卑屈さ」とは違う意味でのもっとも深い「謙虚さ」が必要とされるのです。

ですから私の招きとは、分析したり判断しないでただ見ること、そしてあなた自身を気づきから引き離さないことです。すでに全体であるあなた自身を、さらにもっと良い何かに変えようとしないでください。そして恩寵に帰ってください。それが世界を救うことです。恩寵に帰ってそこから見ることです。あなたの左や右、あなたの後ろや足もとなど、たとえそれがどこであっても、そこに全体性を見てください。それがすべてのものの変容です。あなたを取り巻くすべての中に全体性を見ることがなければ、それは無知や暴力の世界の延長にすぎません。目覚めているそれを犠牲にしないでください。あなたの思考によって目覚めているものを殺さないでください。人生の些末《さまつ》なことに、どうかそれを取引きしないでください。

○

生徒　ニュースを見ると、私はものの見方の再構成を余儀なくされます。世界の問題に向きあいながら、どのようにして真実を保っていられるのでしょうか？

アジャ　言葉は実際に起こっていることのほんの一部にすぎません。真実は言葉に置き換えることはできないものです。それは本当に静かで説明不可能なものなのです。そして私たちの内なる世界でも、非常に力強く変容的なそれは、言葉では不可能なやり方で世界に影響を及ぼしています。私たちが言葉で何と言おうとも、たとえば私たちが「平和！　平和！　平和！　世界に平和を」「餓えている人や貧しい人に食料を」と言ったとしても、私たちの内側で戦いが猛威をふるっているならば、発信しているのは対立、争い、衝突です。たとえ「対立」という言葉を使わなくても対立を避けることはできません。私たちが言葉以外で発し、伝えているものが本当の私たちであり、それがとても重要なのです。

人類はユニティ、すなわちひとつになることを怖れています。なぜならこのユニティの中では誰もそこから離れて動向を決定したり規定することはできないからです。そしてエゴはユニティの中では自分が消滅することを知っています。エゴは何の役にも立たなくなるのです。まったくの無能なのです。そしてエゴは言います。「すべてうまくいっているかい？僕はクローゼットの中に消えて、誰のことも何も気にせずに、すべては神の意思だと知りながら、ただ座っていればいいのかい？」。その答えは誰も知りません。もしもユニティがあなたにクローゼットの中に座ることを望むのなら、それがあなたのすべきことなのです。もしもユニティがあなたにかかわることを望まなければ、それがまさに起こることです。そしてあなたにかかわることを望むならば、たとえどんな状況であれ、もっと深く巻き込まれる可能性があるでしょう。

それを良いことと考えるか悪いことと考えるかにかかわりなく、人類の活動の九九パーセントはユニティではなく分離から生じています。あなたが分離に基づくとき、それはあなたが発し、伝えているすべてになります。あなたがユニティに基づくときでも、あなたが分離にとらわれていたときに求められたものと同じことを求められ、引き寄せられるかもしれません。活動そのものはどちらも非常に似ているように見えるかもしれません。あなたは上院議員に手紙を書いたり、世界を飛びまわっているかもしれませんが、その行為はユニティからなされたとき、まったく違ってくるでしょう。そのときあなたは、「私は自分がなぜこれをしているのか自分でも分からない」と感じることで分かるはずです。そこにはあなたの動機付けとなる対立や葛藤はもはやありません。すべてが大丈夫なので動機となる理由がなくなるのです。しかし、そこから何かが動きだします。なぜ大丈夫なのに動くのかをマインドは理解することができません。そのとき、あなたは自分がユニティから動いていることを知るのです。あなたはこの世界はありのままで大丈夫だという感覚から行動しています。世界はあなたも、あなたのメッセージも、あなたのどんな行動も必要としませんが、あなたはただ行動するか、またはなすべきことをするよう動かされるのです。

不思議なことですが、その行動には理由がありません。そのようにして、ただ人生はあなたを通して動きだすのです。あなたはガンジーのような人間で、ある特別な行動をとるようにつき動かされるかもしれません。あるいはラマナ・マハリシのように「すべては神の意思です。余計なことに首を突っ込むのをやめましょう」と言うかもしれません。

マインドは「どっちが正しいの？」とつねに答えを聞きたがります。あなたはふつう、世界にとってどちらの選択が正しいのか良いのかという、あらかじめ考えられた理由に基づいて選択するでしょうが、それは欺瞞です。マインドは答えを知ることはできないのです。人生は樫の木や池、岩石、湖、車と同じように非常に活発なものにも、じっと動かないものにもなりうるのですが、それらはすべて同じ源から来ています。あなたはそう感じますか？

生徒　そう感じます。内に力を秘めているような感じです。あなたが「すべては大丈夫だよ」と言うのを聞いたとき、私の中にも大丈夫という感覚が広がりました。たとえ行動が生じたとしても生じなかったとしてもつねに平和と受容はあるのですね。

アジャ　そのとき人生は自らの指導原理に従って動きだします。私という個人が自分の日常の予定表に従って動くのではありません。そこには大きな違いがあります。あなたが起こりうる変化に目を向けるとき、たった一人が何千、何万もの人々を触発し鼓舞するのが見えるはずです。ある理想を掲げた一人の人間であるガンジーが、世界でもっとも強力な国家をインドから締め出して立ち去ることを承服させたのです。暴力ではそれをなすことは不可能でした。「お前は腐った奴だ。すぐに立ち去れ！」と罵ったとしても、それを成し遂げることはできなかったでしょうし、英国は立ち去らなかったでしょう。しかし真理を知ることにはすばらしい力があります。真実から自然に生まれる行動は途方もない可能性を秘めています。

そしてそれ以外の行動や活動の動機となるものはどれも暴力なのです。

テレビをつけてあなたが一番嫌いな男性や、あなたをもっとも攻撃的にする人の話に耳を傾けることはすばらしいスピリチュアリティの訓練になると思います。あなたがそこに神を見ることができるなら、あなたはそれを得ています。あなたがその人を見るたびにテレビを消さなければならず、その人があなたの怒りを急上昇させるとしたら、たくさんの気づきがあなたを待っているでしょう。

19章 悟り

ENLIGHTENMENT

何年にもわたり自由や悟り、解放について話をした経験から、悟りや解放を求めている大勢の人は、それがどんなものかまったく理解していないということを私は発見しました。皮肉なことに人々は膨大なエネルギーを費やし、ときには人生を犠牲にして修道院に閉じこもり、街に新しい教師が来ると必ずサットサン(5-2)に加わり、本や週末のセミナーや、今夜のような夕べにお小遣いのすべてを使ってスピリチュアルな事柄についてあれこれ熟考するにもかかわらず、その後の自分たちについては何の見解ももってはいないのです。

「悟り」をどんなものと考えるかと人々に問いはじめたとき、私は少しショックを受けました。もっとも正直な人々は、急にその存在に気づかされたかのように狼狽し、「私は実際には知りません。よく分からないのです」と言うでしょう。それほど正直さを奮い起こせなかった人々は、「ええ、それは聖なる世界との融合です」と他の誰かの言葉を口にするかもしれません。そしてその他の人々は、それぞれ自分の考えを口にするでしょう。現代の言葉では、それらの考えを私たちは空想と呼びます。「悟りが起こったとしたら、きっとそれは……」と思いをめぐらせてみましょう。たいていの人は、無限に拡大した恍惚状態のようなものを悟りに期待しているはずです。

禅では、「あなたが座って口を閉ざし、壁を十分に見つめたなら何かが起こるだろう」と言われます。多くの人がそれを実践して興味深い体験をしましたが、その体験はわずか数分か数時間程度、幸運な人でもせいぜいリトリート[5-1]の間の数日間くらいかもしれません。瞑想の中では、「もしも僕がこの体験を無限の時に拡大することができるなら、それが自由というものに違いない」とマインドが考えたとたんに、その感覚はすぐに終わってしまうでしょう。

私の悟りの体験とは予想したものとはまったく違うものでした。また、それ以外のことを言った人で真正なる意味で真理に目覚めた人に、私はいまだかつて出会ったことがありません。「アジャ、それは私が思った通りの体験だったわ」と言う人には一人も会ったことがないのです。彼らはたいてい「それは私の期待を完全に裏切るもので、私が人生で体験したスピリチュアルな体験、たとえば至福や愛、融合、宇宙意識のどれともまったく違っていた」

と言います。

ふたたび禅ではこう言われています。「あなたが座って口を閉ざし、壁を十分に見つめたなら、それらの体験のすべてがあなたに起こるだろう」。では、それらの体験がその後どうなるのか推測してみましょう。それらの体験は消滅します。ところが、そのことを知っている多くの人は知らないふりをします。スピリチュアルな体験をいろいろしたことのあるほとんどの人は、それらの体験の何一つとして長続きしないことを知っています。というのも、もしもそれが長続きしたなら、彼らは次の体験を追い求めないでしょうから。ですから、スピリチュアリティというゲームに長くかかわっている人のほとんどは、どの体験も続かないことを知っているのです。

誰もその事実に直面したくないと思っています。生徒たちは何百回も何千回も、悟りとは体験ではないと耳にしますが、「アジャ、私がサットサンの中で得たものはここを去ると消えてしまいます」と言い、それでもサットサンに関心を寄せるのです。私はいつも「もちろんです。あなたがどんな体験をしようと、たいしたことではありません。その体験は失われるでしょうから。それが体験というものの性質なのです」と返事をします。

自由とは消え去らないものだと言うとかっこよく聞こえるでしょうが、マインドにできるのは、過ぎ去ることのない永遠に拡大しつづける体験を夢想することだけです。そしてマインドは考えます。「私はまだ過ぎ去ることのない無限に拡大する体験をしていない。まだ正しいものに出会っていないのだ」と。

決して賞賛されるべきことではありませんが、私が禅の生徒として十五年間壁に向かって座っている間に、実にさまざまな体験が起こりました。そこにはマインドを爆発させるようなクンダリーニの体験や神秘的な統合や恍惚感、そして聖なる光と愛にすっぽりと浸る体験などがありました。壁に向かって座った大部分の生徒と同様にそれらの体験は、私が起こってほしいと願うほど頻繁に起こりもせず、長続きすることもありませんでした。その旅のある時点では、「これだ。これはすばらしい歓喜の体験なので、これこそが求めていたものに違いない！」と考えたこともあります。私の意識は無限なまでに拡大し、私が受け取ることができないほどの洞察やひらめきの砲撃を受けたのです。あなたがそうした体験を望むならば、それらを得るための処方箋があります。つまり一日中ずっと壁を見て座るだけでいいのです。

ところで、後に私は信じられないほどの恩寵を受け取りました。それはあまり頻繁には訪れることのない、もっとも美しく神秘的な体験のさなかの出来事でした。ときおり迷惑な小さな声が聞こえてきて、「続けて。これではないよ！」と言うのです。私の残りの部分は「これだよ。僕の肉体もマインドもすべてがこれだと言っているんだから、これでいいんだよ。

この途方もない歓喜の広がり、これこそが悟りに違いない」と考えていました。すると小さな声がふたたびやってきて「ここで立ち止まらないで。ここではないよ」と言うのです。

もしも私に選択権があったとしたら、きっとその小さな声をつまんで窓から放り投げたでしょう。なぜなら私は、他の人もそうしたすばらしい体験をしていることに気づいていました し、少なくとも数日や数週間、そしてときには数か月もそれらの体験を楽しみ、それらの訪れを確信する必要が彼らにあることを知っていたからです。ところが私はというと、そうした体験のどれ一つとして一〇分以上享受することは稀でした。だからといってそれらの体験がすぐに終わるわけではありません。しかし、どんな体験のときも疑いという影がさしてそれが悟りではないことを知ったのです。折に触れて何度もその声が、自分が落ちつきたかったであろう場所から外へと私を押し出してくれたのです。私にとってはそれこそがすばらしい恩寵でした。

あなたが何らかの体験に執着するならば、それが過ぎ去るとすぐにあなたは苦しみを体験するでしょう。私たちはしばしば苦しみの中で前進することを忘れてしまい、反対に一八〇度後ろを向いて失った体験を振り返ろうとすることには驚かされます。苦しむことが時間の浪費にすぎないことが多いにもかかわらず、私たちは来ては去っていくどの体験も悟りではないというレッスンから学ぶことができずに、何度でも同じ体験を振り返っては持続させようとするのです。

　私たちが本当に幸運なら、その過ぎ去った体験はあなたが求めるものではないことを知るか、あるいは体験が過ぎ去った後でも一八〇度後ろ向きになることはないでしょう。それがどんな体験であったとしても悟りではないことを理解するからです。私はありとあらゆる体験をしましたが、どの体験も時間による拘束を受けていました。つまり来てはやがて去っていく体験でした。そして幸運なことに私は、たとえどんな体験が現れたとしても、それは私が求める悟りではないことを理解したのです。それが私の旅を飛躍的に短縮してくれました。

　悟りの探究――それはスピリチュアルな辞書の中でもっとも使いふるされた言葉ですが――に関して言えば、私たちが本当に求めているのは「真理とは何か?」という問いに対する答えです。その問いは「どのようにしてその体験を得られるか?」とか「どうやってそれを持続させるか?」という問いとはまったく方向性が異なるものです。「真理とは何だろう?」と問うことは破壊の作業ですが、大部分のスピリチュアリティは積みあげていく作業なのです。私たちは上へ上へと向かっています。アイデアは浮かびあがり、クンダリーニは上にあがり、意識はあがっていきます。積みあげていくことを続けることで、人は「私はだんだんよくなっている」と感じるのです。

　しかし悟りは解体の作業です。あなたが今まで真実だと信じてきたすべてが、実はそうではないと明かされるのです。あなたが自分に対して思っていることや、自己イメージが良いものでも悪いものでも、あるいは平凡であっても、それはあなたの真実ではありません。また、あなたの他人に対する見方がどんなものであっても、それも真実ではありません。あなたの神への思いも真実とは違っています。あなたには神に関する真実を頭で思うことはできません。だから神に関するあなたの思いはすべてまさしく正確に、聖なる世界ではないものを映し出しているのです。そしてこの世界についてあなたが思うことはすべてまさにこの世界ではないものを表しています。あなたが悟りについて思うことが真実でないことは確かなのです。

ポイントをつかみましたか？　それは除去というプロセスです。何が取り除かれるのでしょうか？　すべてです。すべてが取り除かれなければ究極の解放はありません。そこにたった一つでも取り除かれない見方や何かがあるならば解放はまだ起こっていないのです。

人類の生活の大部分は、すべてが真実を避けるためのものです。私たちが避けようとしている真実とは「空《くう》の真理」です。私たちは「自分がない」とは思いたくないのです。私たちは自分が信じていることすべてが間違っているとは思いたくないのです。他のみんなが信じる真実が間違いだとは思いたくないのです。自分の見解が間違っていて、どこにも正しい見解などないとは思いたくないのです。自分が神について思うことは、すべてどれも正しくないとは思いたくないのです。私たちはブッダが「自己はない」と言った本当の意味を知りたくないのです。

むしろ私たちは、ポジティブな言葉を挟み込みたいのです。ですから自己はなく、マインドが真実と主張するものなどどこにもないと見るのではなく、「私は意識です」「すべては至福です」「神は愛です」といったポジティブな言葉をマインドは付け加えたくなるのです。私たちは自らの存在の中心に空《くう》の亀裂があるのを見たくはないのです。

何世紀にもわたり、真理により近づくために言葉によってスピリチュアリティが語られた瞬間、真理はすみやかに覆い隠されてきました。ブッダの悟りの体験を追い求める、私が知る中でもっとも純粋な形式の禅においてさえも中心となる教え、つまり「自己はない」という教えが避けられています。ですから、どの雑誌を開いても――仏教の雑誌でさえも――中核となる教義を見つけることができないのです。そこにはないのです。その代わりに大部分のスピリチュアルな記述は、より寛容で愛情深くなる方法や、より良い瞑想の仕方や呼吸法やマントラを唱える方法、神性を思い描く方法などを教えています。仏教の開祖ブッダの「自己はない」という中心教義を覆い隠すのは少々困難であるにもかかわらず、仏教においてさえその真実はしばしば覆い隠されているのです。また、その真理は隠されないまでも、ほとんど語られたことはありません。そしてたとえ語られたとしても、ある種の装飾が施されています。悟りに関する真の教えとは、あなたの動きにぴったりと寄り添う鋭利な剣の刃のようなものです。両脚を斬られたあなたは、血まみれになって倒れて鼻を床に打ちつけるのです。それほどまでに圧倒的な破壊なのです。

「あなたを自由にするものは真実である」と昔から語り継がれてきました。私たちが自分を含めたすべての人にすることのできるもっとも思いやりに満ちた行為とは真実を告げることです。反対に解放をもたらさない行為とは自分自身や誰かに対して、自分や相手が望むことだけを言うことです。それは思いやりや愛の行為ではありません。真理を覆い隠すというのは残酷です。なぜなら、それは私たちを、存在しない幻を追いかけるという終わりのない循環の奴隷にするからです。真実は私たちのマインドに無力感を与えるかもしれませんが、それこそが大事なのです！　それが降伏するということです。降伏やゆだねることとは、「私は聖なる世界に向かいます。すべてを捨てて私の人生を捧げ、心を捧げ、すべてを捧げます。私はすべてを捨てるので、代わりに究極のスピリチュアルな善きことが得られるでしょう」というものではありません。ヒマラヤ周辺で多くの人が十万回もひれ伏す礼拝のポーズは、そうすることで自分たちに究極の善がもたらされると信じているからです。あなたにも「もしも究極の善が得られると思えなければ、絶対にそうはしなかっただろう」と思いあたる体験があるはずです。十万回もひれ伏すのは本当はいやなことなのです。

降伏とはひれ伏すことで、内と外の両方において頭を下げてお辞儀をすることですが、それは何の見返りをも求めない行為です。それ以外はゲームです。「私は何かを受け取れると思うのでスピリチュアルなふりをする」というエゴのゲームなのです。本当のスピリチュアルとは次のようなものです。「私は真理だけを求めます。何かを手放したいか手放したくないかにかかわらず、私という存在が今まで積みあげてきたもののためになるかならないかにかかわらず、真理以外のすべてを心から手放します。私は何かを手にして所有するために真理を求めるのではありません。私が求めるのは本質的に何かを得ることとは無関係の真理です」。そのとき絶対的な明け渡しと解放が起こりますが、見返りに何かをもらうためではありません。絶対的な明け渡しとは、明け渡しを行う主体を手放すことです。悟りには「私」のためのものは何一つとしてないのです。

ある意味において、「分離した自己がない」と知ることが悟りです。その言葉を私たちは数えきれないほど耳にするかもしれません。私たちがその言葉の意味を深く受け止めて真剣に考えるとどうなるでしょうか？　分離した自己である「私」が真実と思っていることすべては真実ではないことを発見するのです。

「分離のない自己」とは完全に解き放たれた存在です。それは「私は自己を無限に、いたるところに拡大してすべてと溶けあった」というスピリチュアルな体験ではありません。それは分離した自己にとってすばらしく美しい体験ですが、ワンネスではないのです。ワンネスとは溶けあうことではありません。融合とは二つの間に起こるものです。融合の体験とは、それがどんなに美しくてすばらしい体験だったとしても一つの幻想が別の幻想と溶けあうことにすぎないのです。私が絶対的存在や無限の世界や神とひとつになる体験をしたとしても、それは私の空想の自己がもう一つの空想と融合したにすぎません。ですから神秘体験とは悟りではないのです。

ワンネスとは他者がいない世界であり、「これしかない」という世界です。つまり主体と客体のない世界であり、それがすべてなのです。これしかない世界では、あなたがこれを表現したとたんに、これとは違うものを指しています。自分が思うものとは違うという完全なる解体の中でしか、これを知ることはできません。そのとき目覚めは、来ては去っていくもののすべてを超えた世界に目覚めるでしょう。それは時間を超えた究極の目覚めです。

目覚めは真夜中に夢からさめるのと似ています。だからこそ夢がたとえ話として何世紀にもわたり用いられてきたのです。その夢は今の体験と同じくらい現実味を帯びています。夢の中であなたの人生が脅かされると、あなたの人生がたった今、脅威にさらされるのと同じくらいあなたはパニック状態に陥《おちい》るでしょう。しかし朝になって目をさますと、あなたは「あれが現実でなくてよかった」とほっとします。それは夢で見たのと同じくらい確かな現実なのです。夢が存在したようにその世界も存在しましたが、朝になると私たちが夜中に夢の中で体験したような現実味が感じられないだけなのです。

人間は真夜中に夢からさめることの重要性に気づいていません。あなたは文字通り、あなたがこの世界と同じくらい本当だと考えることを選んだ世界から目覚めたのです。それは意識の革命的な変化です。自分が本当だと思っていたことすべてが、最後に本当ではなかったと知るからです。

真正なるスピリチュアルな目覚めでは、あなたはまったく同じような衝撃を受けるでしょう。私はこの世界が夢だとか夢ではないとか言いたいのではありません。この世界を定義することは的外れです。私が言いたいのは、目覚めの体験とはまさにそのようなものだということです。それは「神よ、私は自分が何々と名付けられた人間となることを選びましたが、それは本当の私ではありません。私はそれ以上の何かでも、より大きい何かでも、より広がった何かでも、より神聖なる何かでもありません。私はどれでもないものです。おしまい」とでも言える体験です。

それは肉体がないという意味ではありません。肉体はたしかにあります。マインドがないという意味でもありません。マインドは明らかにあります。人格がないという意味ではありません。人格も明らかにあります。そして自分という感覚もあります。悟りを開いたとしても開かなくとも、あなたには自己の感覚があります。でなければ意識が肉体の中で働くことができませんし、誰かがあなたの名前を呼んでもあなたは決して返事をしないでしょう。私が知る限りでは、歴史の中の聖人たちもみな返事をすることができたようです。

ラマナ・マハリシは「大いなる自己だけがある」と言いましたが、それは「自己がない」と言うのとまったく同じことです。では自己がないとしたら何があるのでしょうか？　それを私たちは何と呼ぶのでしょうか？　ラマナはそれを「大いなる自己」と呼びました。実は大いなる自己とは小さい自己がいないときに存在するものなのです。

あなたが悟った後も、自分という感覚をもちつづけることを私は保証します。あなたの肉体は自己という感覚がなければ機能することはできませんでした。ですから、「あなたが悟りを開くと自己という感覚がなくなる」と考えるのは神話です。瞑想中に一時的に自己をなくすことはあります。誰かがあなたの名前を呼んでも、あなたは振り向かないでしょう。また瞑想中に起きあがることさえできなくなった人々に私は出会ったことがあります。インドではそれを「ニルヴィカルパ・サマディ（選択肢のない絶対的境地）」と呼びます。それはすてきな体験です。そこから何らかの洞察が生まれるかもしれませんし、何も生まれないかもしれません。あなたは一時的に「自己の休止」と呼ばれる体験をすることはできますが、それは一時的なものだと私は約束します。というのも、あなたの肉体は自己という感覚なしには機能できないからです。

あなたが本当に無私の世界に陥るなら、それは時間の外側の世界です。つまりそれは短いとも長いとも表現することができない世界なのです。それは時間のない気づきであり、そうでなかったとしたら、あなたはまだ悟っていないのです。あなたはせいぜい「自己という感覚を一時的になくした私」と呼ばれる体験をしたにすぎません。それは無私の世界とは違うものなのです。無私とは「自己」という感覚があってもなくても、自分がいないということを、そして同時に他者もいないということをはっきりと知っている状態です。起こっていることはたった一つです。あなたがそれを神や聖なる世界、意識、仏性、空《くう》、満、左翼、右翼と呼ぼうとも問題ではありません。しかし、たった一つのことが起きている世界で起きていることはたった一つです。つまり空《くう》だけがあり、その無限の表現があるのです。

自由とは究極の解体のプロセスです。なぜなら、それはあなたからすべてを奪うからです。それは解放することでもあります。あなたの自分との争いは奪われます。なぜなら争いなど実はないからです。人との争いが奪われます。なぜなら、それもはじめからないからです。あなたの世界との争いが失われます。なぜなら争いではなく真実しかないからです。一つのことだけが起こっている状態では、決して自分を疑うことはできません。これまでも、これからも。あなたは終わりのない二元性の世界から解放され、とても自由なのです。

本質への目覚めが起こると、私たちのマインドはもはや空《くう》を見ることはありません。なぜなら、それを見る分離した誰かはもういないからです。空《くう》を見ているのは、空《くう》それ自身だと気づくのです。「悟りを開いた個々人はいない」と言ったのが私だけではないもう一つの理由がそこにあります。悟りだけがあります。あなたや私ではなく、悟りが自らに目覚めるのです。それゆえ「誰もが本質的に目覚めている」と言われるのです。しかし、その言葉は誤解されがちです。というのも、その言葉は誰もが本質的に目覚めている分離した特別な個々の存在だとほのめかしているからです。それは的外れな言葉です。幻想は悟ることはできません。ですから、誰もが悟っているというのは真実ではありません。悟りが悟りを開くというのが唯一の真実なのです。

悟りのもう一つの側面とは、それがあなたからすべてを奪うということです。そのようにしてあなたは悟りを見分けることができます。誰にそれが起きたとしてもすべてが徹底的なまでに奪われます。あなたは自分でもそれを知っていますが、あまり気にかけもしないでしょう。何もかも奪われることや何の見方ももたないことやマインドの意見を信じないですむのはとても幸福なことです。もちろん肉体やマインドや個性がある限り、自らの考えや意見はあるでしょうが、それらはさほど意味をなさなくなるでしょう。そのときあなたに真正なる悟りが起こったことが分かるのです。

今夜、私は悟りのもつ多くの肯定的な側面を話すことをあえて避けましたが、あなたが本当に真実を見て、残りの人生を皮肉な笑いを浮かべずに過ごす方法は他にありません。あなたが思う半分もこの世界はリアルではないと知ったとしても、あなたは死ぬまでこの世界を愛するでしょう。人々があなたの思うような人ではないと知ったとしても、あなたは何百倍も人を愛さずにはいられないでしょう。しかし私はそれについてあまり長く語りたくはありません。なぜならマインドはご褒美の飴を手渡されたと思いはじめるからです。でも実はそうではありません。マインドは剣を手渡されたのです。

20章 啓示

IMPLICATIONS

分離の夢から目覚めて自分がすべての源だと知った後、あなたはその啓示を自分の人生に取り入れることの意味に気づく必要が出てきます。本当に自分以外の誰もいないことを理解したとき、あなたは衝撃を受けるでしょう。すべてはひとつであり、あなたはその「大いなるひとつ（One）」なのです。

私が最初に教えはじめたとき、人がしなければならないのは目覚めの体験であり、そこが最終目標だと信じようとしていました。しかし、今はもっとたくさんすべきことがあるのを知っています。本当の自分は誰かという絶対不変なる真理への本質的な目覚めを多くの人が体験しますが、彼らが自由になることはほとんど稀だと気づいたからです。そこで私は自分にその理由を問いかけてみました。自分が肉体でもマインドでも人格でもないという生き生きとした体験に目覚めることは、自由を伴うものであってしかるべきです。ところが多くの人がはじめの頃は非常に自由で開放的な体験をしますが、やがて目覚めの感情的な副作用に心を奪われて体験の本当の重要性を見逃してしまうのです。

まず「完全なるワンネス」という啓示と「あなたは究極の源である」という啓示が見逃されています。自分がマインドや肉体や人格だけの存在ではなく自由な存在だということを体験できたとしても、漠然としたワンネスの感覚を受け取る程度で目覚めに内在する「完全なる調和」という明確な気づきを個人としてもつのはきわめて稀なのです。

あなたが夜、夢を見てその中の登場人物の一人を自分だと思い込み、自分が他の人とは違うと考えるようなものです。朝、目覚めたとき、あなたは自分が夢の中の登場人物ではないと気づきます。でも、あなたが夢を見ていた本人であり、夢の中のすべてはあなたから生まれたのです。それはスピリチュアルな目覚めにもたとえられるでしょう。あなたは精神的に目覚めると自分が肉体やマインドではないと気づきます。しかし、たいてい見逃されがちなのは、あなたが夢全体の究極の源だという点です。それはとても理解しやすいたとえだと思います。ある意味では、あなたは何者でもなく、一方であなたはすべての源なのです。

なぜそれを理解することがそんなにも重要なのでしょうか？　目覚め本来の性質として、それこそがスピリチュアルな啓示の本当の価値を見つけることができる場所だからです。あなたは究極の根源であり、すべては完璧な調和のもとにあり、そこにあるものすべては実は等しくあなたなのです。その調和という啓示の本質とは、「他者」と呼ばれるものはどこにもいないという気づきです。すべてが究極には自分自身の分身であり、他者はいないのです。

そうした気づきの体験をした人々に私は出会ったことがありますが、その後、彼らがした最初の行為とは日常生活に戻って他者がいるかのようにふるまうことでした。彼らはそれが真実ではないということを経験的に感知したにもかかわらず、私という個人とあなたという個人がいるかのように毎日を送っているのです。それゆえ多くの場合、体験的な理解だけでは決して十分ではないと言えるでしょう。ところで、あなたが他者はいないという啓示を受け取り、その体験に非常に好奇心をもったとしたら、人生がどんなふうに変わるか想像することができるでしょうか？ あなたが「これは私の残りの人生にとってどんな意味があるのだろう？」と自分にたずねるとしたらどうでしょうか？

ほとんどの人間は、自己と他者、個人としての「私」と「あなた」という考え方をもとに日常生活を送っています。しかし他者はいないという啓示を受け取ると、突然、「対人関係」と呼ばれるものがなくなります。そのような体験をしたら、人はどう生きるのでしょうか？ 現象界で外見上は自己と他者を分けているときでさえ、あなたが実は他者がいないということを知り、そのように生きることにはどんな意味があるのでしょうか？ 個人としての覚醒にしか興味をもたない多くの人は「僕が自由である限り、誰も僕に何かを強要することはできない」「私は人に悟りを得る方法を教えたい」と考えます。個人として自由であることは決していけないことではありません。ところであなたが探究をずっと続けるとしたらどうでしょうか？　個人としての「私」がないならば、「あなた」はどうやって自由になれるのでしょうか？　悟りを得るのはいったい誰なのでしょうか？

長い間、私がずっと苦痛に感じていた一つの体験を紹介しましょう。それは私がサットサン(5−2)の中でこの関係性という考え方に開かれた後、「私は理想の人間関係を得ていません」「私はより良い人間関係のための方法を知りたい」といった質問を受けて個人としての自己に引き戻されたときのことです。生徒たちは、私がどのようにして人との関係性を体験するのかを質問してきました。そのとき妻のアニーは「私たちは相手に何も求めませんし、私たちの関係性を何かを解決するために使うこともありません。だってそれが人間関係の目的ではないんですもの」と言いましたが、その答えは素通りされて同じような質問が引きつづき出されたのです。

「他者はいない」という目覚めが指し示すものを見てみましょう。目覚めるとき、この「私とあなた」を隔てるものがない状態であなたは目をさまします。その意味を深く知ると、あなたはただただ驚くでしょう。つまり他者がいなければ個人としての人間関係も存在しないのです。人間関係における問題とは、他者はいないということを真剣に受け止めていない一方または両者の間で取り扱われる問題なのです。得をする人もいなければ変わるべき人もいませんし、何かを必要とする人も必要を満たす人もいません。それらすべては幻想なのです。あなたがスピリチュアルな体験をただ追い求めるだけでなく、その体験に内包される真理を理解しようと努力することは大いなる挑戦なのです。

目覚めの体験とは宇宙の大爆発ビッグバンを個人的に体験するようなものです。最初の啓示がはじまりでした。物理学者が言うように、それは無から始まりました。そしてその小さな裂け目が最終的には宇宙全体になったのです。最初、あなたはその裂け目を見てもそこに隠されたものに気づかないかもしれません。しかし、そこから目を背けたならすべてを見逃してしまうでしょう。あなたがスピリチュアルな目覚めと呼ばれる裂け目をのぞき込むとき、そこにはビッグバンか、それ以上の大きな可能性が秘められています。

多くの人は「私のスピリチュアリティを日常生活にどのように統合すればよいのでしょう？」と質問しますが、あなたは何もする必要はありません。それは不可能です。統合することなど無理なのです。あなたの制限つきの日常の中に無限の世界を詰め込むことはできません。その代わりに、あなたの人生を聖なる衝動に捧げてください。統合はありません。気づきだけがあります。しかも気づきはつねに完璧なる破壊者です。分離というすべての感覚の破壊者であり、真実でないものの破壊者です。あなたの人生に真理を詰め込もうとするむなしい努力をやめてください。そしてあなたの人生を真理の中へ投げ捨ててください。

あなたが真摯に悟りを深めようと努力し、より深く観察しようとしたとしても、あなたやまわりの人々は、表面上は何も変わらないように見えるでしょう。あなたの気づきを人間関係に深く取り入れなければ、多かれ少なかれ同じような日常が続いていくでしょう。断片的な変化は起こるかもしれませんが、相手との関係性においてお互いに何を得て、どのように物事に取り組んでいくかに基づいた人間関係は、多少の差こそあれ依然として同じなのです。しかしながら他者はいないという、もっとも深い気づきを明らかにしようとさらに深く進んでいくとき、気づき自らが形のある世界という夢が機能する方法を再調整してくれるでしょう。自分と相手との間に個人的な人間関係と呼ばれるものはないことを真に知ったとき、人間関係はひとりでに変化します。あなたがコントロールしようと努力しなくても、あるべき方向へと関係性が自然に再編成されるのです。人間関係をより良くするためには、より目覚めるだけでいいのです。あなたの望む方向に変化するとは限りませんが変化は起こるでしょう。さらにもっともっと目覚めることです。あなたが真に目覚めたとき、すべてはあるがままのシンプルな姿を取り戻すでしょう。

「他者はいない」という意味を説明してくれる教師は必要ではありません。あなたはそれを自分自身で体験しなければならないのです。

○

生徒　さらにもっと目覚めるとはどういう意味でしょうか？

アジャ　多くの教師たちは夜、夢を見たときのことにそれをたとえました。あなたがうとうとした状態で心地よい夢を見ていたとします。そしてもっと夢を見たくて眠りに帰るときに、どんな感じがするか想像できますね。寝返りをうって眠った後、ふたたびあなたは少し目覚めて自分が夢を見ていたことに気づきますが、意識が朦朧《もうろう》とした状態で自分が目覚めたいのかどうかさえ定かではありません。時間が経つにつれて、あなたは少しずつはっきりと目をさますでしょう。大部分のスピリチュアルな探究者たちは大きな目覚めを体験した後でさえ、まだ夢うつつの曖昧な状態にいます。彼らはまったく違う世界を目の前にして、自分が目覚めたいのかどうか確信がもてずに行ったり来たりするのです。彼らは悪いものからは目覚めたいけれども、良いことについては夢を見つづけたいのです。自分が本当に目覚めたなら、物事が望まない方向に変化するかもしれないことを知っているので、彼らは日常の人間関係という眠りの中へと戻りたくなるのです。

夢うつつのあなたは、自分があきらめなければならないことがたくさんあるように思われ、本当に目覚めたいのかどうか躊躇《ちゅうちょ》しています。ところで本当に目覚めたとき、あなたはそれまでの夢の世界に戻りたいとは思わないでしょう。あなたが本当に自由になりたければ、完全に目覚めるための取り組みをしなければなりません。やがてあなたは真実でないものへの興味を失い、真実にのみ興味を抱くでしょう。あらゆる外観を装った分離という夢の状態は、あなたにもはや興味を起こさせることができないのです。

夜、夢を見ているときに夢を支配しているのは誰でしょうか？　それはあなたです。あなたが夢を見る人であり、すべての登場人物を操っています。夢の登場人物たちは自分がそれを起こしていると確信していますが、実は夢見る人がその世界全体を組み立てています。夢を見るとき、あなたはついそれを忘れてしまいます。並外れた夢想家とは、この世界という夢を創造する人です。この世界で優雅さをもって人生を送りたければ、そのことを忘れてはいけません。あなたが日常に戻るためには、悟りをあきらめなければならないというのは神話なのです。

分離からの統合という概念と、私たちは悟りの世界にとどまることはできないという考え方は、それが真実かどうかを自分で問いかけて確かめるまでは、良識ある見方のように感じられるでしょう。ところが、あなたが自分の体験を見てスピリチュアルな気づきがどのように働くかを問うとき、私たちが日頃、話題にしていることの大半が単なるたわごと——まるで目の不自由な人が目の不自由な人の手を引いているようなもの——だと気づきはじめるでしょう。

あなたが見ている先生と呼んでいる存在は、あなた自身が創造したものです。それはあなたの夢であり、この瞬間にあなたが創造したものなのです。自分を目覚めさせたとき、あなたは自分がそれを創造していることに気づくでしょう。そして聞いている生徒と話している先生との間の分離が表面的なものにすぎないことを知るでしょう。あなたが目覚めているなら、それがはっきりと見えるはずです。条件付けがあなたを夢の中へと引き戻すでしょうが、それはたいしたことではありません。あなたが夢に絶えず問いかけつづけていればいいのです。

私たちはときおり非凡な体験に惑わされますが、その体験が起こった理由とも呼べる、より深いことを見失いがちです。「なぜ私はそのような経験をしたのだろうか？」と私たちは問いかけなければなりません。質問することがたいせつです。好奇心と探究心が大事なのです。あなたが超越的な体験をした理由とは、あなたが本能的に真理、すなわち物事の本質をつかんだからなのです。スピリチュアルな見方では、「私は何なのだろう？」という問いかけは物事の核心へと真っすぐ届く言葉なのです。

無限の知性とは、実はあなた自身です。しかし、あなたは本気になって何が本当かを自分で見つけなければなりません。そうするためには学んだすべてのことが間違っていたという可能性に対しても開かれなければなりません。さもなければ、あなたは本当の姿を見つけだすことはできないからです。あなたが完全に開かれたとき、真理ははっきりと姿を現すでしょう。スピリチュアルな人々は真理がつねに隠れていると考えますが、実はそれは隠れてはいません。あなたを阻むのは、真理とはどんなものかと考えることです。実在の世界を見つけなさい。すべてのものとして立ち現れる大いなるひとつだけが存在します。あなた自身で徹底的にそれに気づけるよう熟視し、瞑想しましょう。本当のあなたに目覚めるのです。

21章 自然な秩序の関係

DHARMIC RELATIONSHIP

私が何年もの禅の瞑想で学んだ価値あるレッスンとは、長く自分とともに座りつづけるためには本当の自分を見つけなければならないということです。瞑想の中で単に自己イメージや聖なるイメージを知るだけなら、私たちは終わりのないおしゃべりや苦悩を体験するでしょう。たとえそれがどんなにステキなイメージだとしても、決して居心地よく座ることはできません。真の自己として座るとき、私たちは自己イメージや自己概念、自己思想をいっさいもたない自分自身として座ります。私たちはただ空《くう》の器として座るのです。それが真の人間関係の基本です。なぜなら私たちが本当の自分とつながらなければ、他の誰とも真実の深い関係でつながることはできないからです。

自らの輝く空《くう》とつながるとき、私たちは本当の自分でいられるのでその関係性は美しいものになります。私たちは本来神秘にときめきを感じ、神秘は自らにときめきます。神秘が他者と関係をもつとき――それが花や鳥、風や寒さ、人間と呼ばれるものだとしても――それらを自分と同じ神秘の現れとしてつながるでしょう。神秘が姿を変えたものと私たちが真につながっていると知ることこそが真に神聖なる関係です。たとえばここにあるものやそこにあるものとして、男性として女性として、寒さや苦さとして、甘さや重荷や悲しみとして、幸福や混乱として、あるいは明確さやその他として表現されるすべてのものが神秘の現れなのです。自然な秩序ある関係性、すなわちダルマ（生命の真理や宇宙の法）の関係の土台とは、神秘や自分自身との関係なのです。

次の瞬間を期待することなく、何かを得ようと期待することなく、何の要求ももたずに私たちがここに座るとき、つまり悟りや愛や平和、平穏な心を得ようと期待したり、自分自身に何かを要求するのをやめるとき、聖なる世界が開かれます。なぜなら、そこには何の期待や要求もないからです。私たちが自分以外の何者かになろうとするのをやめるとき、この瞬間との聖なる関係が美しく花開きます。しかし私たちがほんの少しでも期待すると、その美しさを逃してしまうでしょう。それらの期待や要求は、私たちが自分の中に見て体験できることを歪めてしまうのです。

自由になることや解放されること、そして悟りを開くことはすべての不快な体験を一掃することだとマインドは考えますが、それは真実ではありません。聖なるものは何かを取り除くことで、あえて自らの神性さを汚したりはしないのです。それはあなたの腕を切り落とすようなものだからです。代わりに過去のあなたの感情や経験を神秘として体験すること、そしてあなた自身を神秘として受け入れることがそれらを完全に変容させるでしょう。

ここに実在するものを丸ごと見ることがたいせつです。すべての体験を通してそれが自らを示すままに永遠なるものを見てください。そのとき、あなたの本質である聖なる感覚が体験というスペクトルの集積になるでしょう。それが何であろうとも現れたもののすべては聖なるものの流れだとあなたは認識しはじめるでしょう。混乱があるとき、そこでは神が混乱しています。明確さがあるとき、そこに明確さという神がいます。あなたはゴミ捨て場や溝に捨てられたゴミの中や数か月も入浴していないホームレスの中に神を見るでしょう。すべてのものの中に同じ聖なるものや、神秘が自らと結ばれた親密なるダルマの関係を見はじめるでしょう。その見方はさらに、より深く浸透していたるところへと広がっていきます。あなたがすべての物の中に神聖さを見るとき、あなたはもうそれまで思っていた自分とは違うことを知るはずです。あなたは生きている目覚めた神秘であり、その神秘は誰にも触れることも見ることもできないものです。

そのとき、あなたは聖なる関係性の中にいます。あなたがただやみくもに関係を聖なるものにしようと努力しても、聖なる関係とは何かという自分の考えをまわりに押しつけようとしているだけでそれは暴力と変わりません。あなたはより良い理由やより良い意図をもってそうするのかもしれませんが、関係を聖なるものにしようとした瞬間、それを取り逃がしてしまうでしょう。それがすでに聖なるものだということをあなたは見落としているからです。あなたが関係をすでに聖なるものとして見るとき、あなたは神秘そのものの現れとして本当に見ているのです。

すべてを聖なるものだと知ったとしても、あなたの識別力は失われることはありません。あなたは関係の中の不正直な部分や、もっとも気高い誠実さをもっていない側面や親密性に欠ける側面、イメージや概念、投影や要求の上に関係性が築かれた側面を見分けることができるでしょう。それが聖なるものに見えるからといっても、あなたが滑稽な部分を見ないという意味でもありません。聖と愚とはお互いに両立します。神はときにはユーモアのある行為もするものなのです。

関係性のただ中にあなたとしてありつづけること（それはただ気づきの光でいるということです）は、人間にとって最大の挑戦です。表面に現れて見えないものは「私を押して」というシールが貼られた小さなボタンのようなものです。そのボタンは指を引き寄せます。それが神聖さのすばらしい点です。それが無意識のまま未処理のものなら小さなボタンがついていて、やがて無意識のままではいられなくなるでしょう。「見つけた！」と誰かがボタンを押すと、ブーンと音がしてあなたの怒声が響くのです。そうです。あなたの怒りは意識されたのです。そこにチャンスがあります。ところが私たちは怒りをできるだけすばやく無意識に追いやってしまいます。だから私たちはそれを見ないのです。「怒りが押し出された。あれはずっと僕とともにいた。それはプログラミングの中にあった。なんて興味深いのだろう！」と意識する代わりに、人々は心理学者のもとに行くか、概念や哲学の終わりのない連続へと入っていく傾向があります。ところで怒りを経験するとはどんな感じでしょうか？「これは何だろう？」と問いかけることで意識がその内側へ入っていくことが許されます。ですから怒りはあるかもしれませんが、今それは意識された怒りとなったのです。反対に怒りを取り除こうとしたり、怒りをやみくもにどうにかしようとするとき、あなたは本当は怒りとともにはいないのです。

気づきの光とはもっとも深い変容ための仲介者です。自らの無意識を意識しようとすることでもっとも深い錬金術が起こります。その小さなボタンが押されると何かが無意識から浮上し、目覚めたままでいるよう手招きするのです。それだけです。ただ目覚めているだけで錬金術が起こるのです。ただ目覚めていてください。五〇歩後ろに下がって遠く離れたところからスピリチュアルな意味を与えようとしないでください。迷子になるよりは少しはましかもしれませんが、それは無意識のさらなる巧妙な手口です。なぜなら、それは真実からの目覚めを尻込みさせるか回避させるものだからです。目覚めはまさにここにあります。起こっていることから本質的に自由になろうとしてそれを逆向きにしたり、何かの上や下、後ろにもってくる必要はありません。それはすでに自由なのです。後ろに下がる必要もありません。小さな私だけが後ろに下がるか離れたほうがいいと思うのです。そしてそれもまた、あなたの意識に浮かびあがらせることができます。「ああ、小さな私がスピリチュアルな見方をしようとして、そこから離れようとしている。あのボタンが押された」と。そうして今、それは意識されたのです。

目覚めとは後ろに下がることでもなければ、説明しようとしたり、取り繕ったり、なくしたりすることではありません。目覚めの体験が許されるとき、それはあるがままのすべてへの深い愛と思いやりです。愛はつねに今、この瞬間に自らを投げ出し、今の中へと完全に身を任せます。かかわり方はいたってシンプルです。それは謙虚で、とても親密な関係です。そのときあなたは、まったく違うやり方で他者と出会うことができるでしょう。

大部分の人間関係は、無意識の関係性として始まります。そして気づきの光がその関係の内側で輝きだすとき、その中の無意識の領域があらわになります。それが明かされたときにスピリチュアルな意味を与えないことがとてもたいせつです。自分たちの関係性を意識化する代わりにスピリチュアルな意味を与えようとする人々がいます。彼らはそれをスピリチュアルな意味をもつ小説にしたがり、二人の関係の可能性に関する精神的な見方をパートナーが満たしてくれると思っています。彼らは二人の関係がどんなものであるべきで、どのような可能性があり、どこへ向かっているのかを知っていると思い込んでいるのです。

そこからゆっくり立ち戻るとき、あなたはとても親密で無邪気な何かへと帰っていくでしょう。あなたは何も隠すことなく、何らかの関係を強いることもなく、ただ現れるがままに任せることで自然に真実を語りはじめます。瞬間瞬間に意識や気づき、愛がどんなふうに現れるかをあなたは想像することもできないでしょう。たしかにあなたの人間関係はめちゃくちゃになるかもしれません。ちょうど真理があなたを大混乱させることができるように。あなたの内側に真理が姿を現すとき、真理でないものの付着物すべてがはっきりと浮き彫りになるでしょう。人との関係においても同様です。あなたが執着をやめたとき、気づきがもたらされて動きだします。そして真理と真理でないものはお互いに衝突し、不適合を起こすでしょう。

そこがボタンの押される場所なのです。ところで「私のボタン」や「あなたのボタン」以外にも「私たちのボタン」と呼ばれる第三のボタンがあります。すべての人間関係にはこの「私たちのボタン」があるのです。というのも二人が出会うとき、そこには「私たち」と呼ばれるもう一つの関係性が生まれるからです。私たちのどちらか一方または他の誰かがそのボタンを押すと関係性は音をたてて唸りだすでしょう。この「私たち」は独自のボタンと独自な無意識の領域をもっています。それは両者の「私のボタン」が融合して生まれたものなのです。

意識を招き入れたとき、私たちの怖れとのつながりは切断されます。あなたの行動が怖れの感情や不安に基づいていないとき、どんな感じがするでしょうか？ 人間関係を振り返り、怖れや不安に基づいた行動をいっさいしていないときの自分を想像してみましょう。それはほとんどの人々にとって大革命です。二人の関係が親密であればあるほど衝撃は大きいでしょう。怖れや不安がない関係とは、それまでとはまったく違った球技ゲームになるはずです。だからこそ真理はあなたの人間関係に混乱を巻き起こすだろうと私は言ったのです。もっともそれは非常にポジティブな混乱にもなりうるのですが。

深遠なる真理の悟りを体験した多くの人が、自分のふるまいがどのように受け取られるだろうかとか、自分の行動が何かを解放する引き金になるのではないかという怖れや不安から、人間関係においてありのままの自分でいることができないことに私は気づきました。真理を見ないふりをしていた人生の一部が否認をやめると、あなたは何が起こるか分からなくなって不安に襲われるかもしれません。往々にして人々は不安や怖れに目を向ける代わりに、そこから離れていくでしょう。人間関係のその部分が切り離されて人生の独立した一部になり、意識が入っていけないよう遮断するのです。そして誰もが知っているように、意識化された領域が広がれば広がるほど分離を保つのは難しくなるでしょう。あなたが完全にすべてを意識できるならば、分離に基づいた選択肢はなくなるはずです。つまり目覚めない場所を残したままで完全に目覚めることは不可能なのです。完全に目覚めていなければ、あなたはありのままの自分という実在に至ってはいないのです。

スピリチュアルな体験を少しでもしたことがある人は、同じ体験をしたことがない人に対して微妙な優越感をもちやすくなりますが、それをもったとたんに本当の出会いはなくなるでしょう。では、いったいどうしたら誰かを見下すことなく目と目を交わして純真無垢なやり方で相手の深い部分と出会えるでしょうか？　たとえば私たちは外の鳥のさえずりを聞くことで、自然な秩序あるダルマの関係を学ぶことができます。自分が鳥のさえずりを聞くときの受け止め方の質を観察してみましょう。その音を招き入れて自らをその音に触れさせるやり方をじっくり見てみましょう。それに気づくことで私たちは、より意識的になれるはずです。その方法で私たちは自然な秩序ある関係について百冊の本を読むよりもはるかにたくさん学ぶことができるのです。

閑静な場所に建つソノマ禅センターでリトリート(5—1)に参加していた頃、私たちは早朝四時半に起床して座りはじめました。早朝のその時間帯はとても平和で美しい時間でした。太陽が地平線から顔をのぞかせる前に空気を照らしだし、世界全体が目覚めはじめると同時に自分という全存在が目を覚ますかのような感動を体験したものです。それはすばらしいひとときでした。やがて禅センターの通りの反対側の隣人たちが目をさまします。彼らは朝の準備の整え方に違った考えをもっていたので、毎朝六時半には大音量でレッド・ツェッペリンの音楽をかける人もいました。ダルマの関係について学ぶことができたのはそのときです。鳥のさえずりや心地よさ、聖なるものの美しい表現、あなた自身の本質に意識を向けるのはたやすいことでした。ジミー・ペイジが最初のパワーコードをギターでかき鳴らしはじめるまでは。そう、そのときです。「それは何？　そのギターの音と私との関係とはいったい何だろう？」と問いかけてみるのです。それが招きなのです。

私が気づいたのはそれが単なるもう一つの音で、それはそれで完璧だということです。しかもそれは、私のスピリチュアルという感覚を広げてくれたので、とても美しく聞こえました。それはあるがままに存在していたのです。そこにはロックスターのふりをした神がいました。神はいつも愉快なだけではありません。ちょっとした幸せの瞬間もあれば、静かで穏やかなときもありました。そしてその体験によってスピリチュアリティという既成概念が中心からずたずたに引き裂かれたのです。「分かった。君は神を見たいのかな？　ここに神がいるよ。君が見たいものだけが神ではなくすべてが神なのさ」とそれは言っています。

一年のうち最低一度はファイナルキッカーとして延々と座りつづけた最終日、私たちは夜一〇時にベッドに入る代わりに小休止をとり、一〇分ごとのウォーキングを挟みながら十一時間半まで瞑想を行いました。さらに深夜から朝方四時までひとつづきの瞑想のために座ったものでした。瞑想が上手にできて最高の気分になり、自分のことを涅槃《ねはん》に至った達人だと感じたときはすべて忘れることです。五日間あるいは一週間経つうちに、あなたの自信は打ちのめされるでしょうから。誰も最後に傲慢なままでその場から出ていくことはできません。リトリートの最初のほうではありうるでしょうが、最後には絶対にありえないのです。

瞑想は必ずしも必要ではありませんが、たくさんのリトリートを体験した後に私は、そのすばらしさに目を見開かされました。リトリートのあいだ中、スピリチュアルな達成感で傲慢になったまま立ち去ることが不可能だということは、実にすばらしい贈り物でした。私たちがすぐに自分の無邪気さや無垢なる本質に立ち戻れるということは何という贈り物なのでしょう。つまりそれは勝ち負けではありませんでした。「僕たちはふたたびここにいる。五〇人でいっぱいの部屋で三時間半続けて座った後、僕たちはみな、ただもちこたえようとしている。覚醒した人も覚醒しない人も同様に、ともに切り抜けようとしている」と誰もが感じていました。困難という感情や自分自身に関する高い低いといったスピリチュアルな見方は崩壊したのです。その崩壊の中で外見が剥がれ落ちていくのは小気味よく、美しく神聖なものだと知りました。それは単なる概念としてではなく、あらゆる場所やすべての体験にワンネスを見るチャンスだったのです。概念が崩壊し、聖なる世界の現実が姿を現すチャンスが生まれたのです。真に神聖なるものは概念ほどドラマチックではありませんが、はるかに美しいものなのです。

ダルマの関係とは実在する確かな関係です。美しさは実在の中に存在します。それはスピリチュアルな関係という概念の中ではなく、実在の中に宿るものなのです。

22章　永遠の今

ETERNAL NOW

少し時間をとって
あなたが今
本当にここにいるかどうか確認しよう

正と邪がある以前に
私たちはここにいる
良し悪し、価値のあるなしや
そして罪人か聖人かという以前に
私たちはただここにいる

静寂が存在するこの場所で会おう
沈黙が踊るこの世界で
何かを知っている
知らないという以前に
ただここで
すべての見方が一つに溶けあい
やがては消えていく
この場所で会おう

たった今、あなたがその永遠の世界に
触れることができるかどうか試してみよう
一瞬一瞬の永遠の生と死を感じてみよう
あなたが達人であっても
初心者だとしても
ただここで会うために
ここにいる

つねに自分自身でいられる場所で
決して何かを加えたり
何かを差し引いたりすることが
できない場所
ここで会おう
あなたが何も欲しがらず
あなたが無でいられる
この世界で
そして言葉のない世界で
その世界で私たちは
神秘の連続や無に出会うだろう
あなたが自分を探さないことによって
自分自身と出会う
この場所で会おう
静けさが大音量となり
途方もなく生き生きとした

この静止の世界で

ここで会おう
あなたが求める
本来の自分でいられる場所で
すべてがまばゆい空《くう》へと消え去る
この世界で

――アジャシャンティ

ある若い男が悟りを開くために意気揚々として修道院を訪れたという話があります。その男性は修道院の院長に質問します。「私が悟りを開くまでにどれくらい時間がかかるでしょうか?」。院長は「一〇年くらい」と答えます。「一〇年ですって! なぜそんなに?」と若い男は驚いて聞き返します。院長は「まあ、あなたの場合は二〇年くらいでしょう」と答えます。「二〇年ですって! なぜそうなるのですか?」と男性がふたたびたずねると、院長は答えます。「ああ、失礼しました。間違えました……三〇年ですね」。

その意味を本当に理解する人なら、質問することで新たな一〇年が加えられる理由が分かるはずです。「私はいつになったら、本当に自由になれるだろうか？」と思ったとたんに、時間が自らの存在を誕生させてしまうからです。そして時間の誕生と同時にあなたは「おそらく少なくとも一〇年はかかるだろう。あるいは一生かもしれない」と考えます。ここにいるためには他のどこにも行ってはいけないのに、質問したとたんにあなたは他のどこかへ連れていかれてしまうのです。

マインドがいつも「自由」や「悟り」をある種の体験の蓄積として思い描くのは驚きに値しますが、実際には体験の蓄積などどこにも存在しません。自由や悟りとは本当の自分を知り、これまでもずっとそうありつづけた自分自身を知ることです。この気づきは時間の外に存在します。なぜなら、それはたった今訪れるか、決して訪れないかのどちらかだからです。

悟りの概念が時間に縛られた瞬間、あなたはつねに次の瞬間に移動しています。あなたが深いスピリチュアルな体験をして、「どれくらい長く私はこの体験を保てるだろうか？」と思ったとします。その質問が浮かぶと同時に、あなたは時間の束縛を受けているのです。ですから時間や時間の中に積みあげることができる体験の蓄積に興味がある人は、時間に縛られた体験をするでしょう。あなたが探し求めているものは、「この瞬間」にはもうないかのようにマインドはふるまうのです。ところが「今」とは時間の外にあるものです。矛盾しているように聞こえるかもしれませんが、マインドが時間にはまり込んでいるときだけ、あなたは永遠との出会いから遠ざけられるのです。そしてここにあるものを見逃がしてしまうでしょう。

自分がすばらしい永遠の体験を求めているけれども、実は今にいることは苦手だと感じたことはないでしょうか？　師に「たった今にいなさい」と告げられたとき、あなたはそう思いながらも口にしなかったかもしれません。あなたは内心、「私はここにいるけれどもここが好きではない。私はどこか悟りが体験できる別な場所に行きたい」と感じたのです。そのときあなたの師が本物の指導者なら、あなたは自分の間違いを指摘され、「本当は、あなたは一度もここにいたことがない」と告げられるでしょう。ずっと時間の中にいたあなたは、ここにたどり着いたことは一度もなかったのです。あなたの肉体はここにあっても、残りのあなたはどこか他の世界に行っていたのです。あなたの肉体はこの「人生」と呼ばれるものを体験していますが、マインドは「人生に関する私の空想」または「人生という私の偉大なる物語」と呼ばれるものを体験していたのです。あなたは人生を解釈するという罠にとらわれ、決してここに本当にいることがなかったのです。

ここに聖書の中の「約束の地」があります。永遠はここにあります。あなたがマインドの中以外では決してこの場所を離れたことがないと気づいたことがあるでしょうか？　あなたが過去を振り返るときもあなたは過去にはいません。あなたの思い出は今ここで起きています。あなたが未来を思い描くとき、未来への投影は完全に今ここにあります。そしてあなたが未来に至るとき、それはここにあります。それはもはや未来ではなくなるのです。

ここにいるためにあなたがすべきことは、自分に関する概念を手放すことです。それがすべてです！　するとあなたは、「私はここにいる」と気づくでしょう。ここは思考が真実だと信じられていない世界です。ここに来るときはいつもあなたは無です。輝くばかりの無です。絶対的に永遠のゼロです。目覚めた空《くう》です。満ちた空《くう》です。すべてなる空《くう》です。

あなたは自分が誰か分からないので、さまざまなものを欲しがります。けれどもあなたが自分自身に、その空《くう》なる目覚めに帰ったとたんに、欲しいものは何もないと気づくでしょう。なぜならあなたは、あなたが願うあなた自身だからです。

「私は悟りを得た」という発見は自由ではありません。自由とは「神よ、悟った人もいなければ、悟っていない人もいません」と気づくことです。それが気づきの光です。「私」という概念だけが悟りや自由、解放や離脱が必要だと思い込んでいます。神を見つけるかフェラーリを手に入れるかのどちらかが必要だと思い込んでいるのです。そしてそのどちらも両極端という意味では同じことなのです。「私」という概念がマインドの働きにすぎないと気づいたとき、あなたは悟った人など実はいないことを知るでしょう。

私、私、私。私はこう思う。私はそう思う。私には価値がある。私には分からない。私は悟った。私は悟りを失ったなどなど。それらはすべてマインドのたわごとです。悟りを得る人もいなければ、悟りを失う人もいません。すべてがつくり話なのです。あなたは自分の人生が安物の娯楽小説のようだと感じたことはないでしょうか？　ナンシー・ドルーの少女探偵シリーズのように一つの物語が語られてそれで終わりだと思ったとたんに、著者が新たな物語を展開させていたことに気がつき、それも読み終えるとさらに新しい物語のはじまりが待っています。ところで、あなたは決してその本の中に著者を見つけることはできません。その著者は決して姿を現さずにつねに本の外側にいるからです。

マインドもそれと似ています。数多くの物語の後に、マインドの中の登場人物は言うでしょう。「私には悟りが必要だ。源を見つけなければ。神を見つけて自由にならなければ。私には生と死を超える必要があるんだ」。あるときその人は「ああ、それこそが物語だ！」と気づいて「じゃあ、物語のない自分は誰だろう？」とつぶやきます。あなたは「私の人生」と名付けた本を下に置きます。私もなく物語もないことに気づいたからです。「私」とは物語です。無から、裂け目から物語がひとりでに自らを楽しませるために湧いてくるのです。それはあなたに読んでもらうために存在しています。あなたが少し笑って少し泣き、舞いあがったり落ち込んだり、生や死を受け止めて、友人や敵をもちながらも決して深刻にならないためにあるのです。

あなたがスピリチュアルな体験をするとしたら、それはすばらしい筋書です。それらは「私の人生」と名付けられた、もっともスピリチュアルな小説のシリーズ本となるでしょう。主人公はさまざまな体験を経て悟りに近づいたかと思うと遠ざかり、至福を見つけたと思うと後退します。22章「信じがたい啓示!」、23章「完全なる闇の中へ」、そして物語は永遠に続いていくでしょう。あなたがいわゆる「魂の上級コース」としてそのシリーズの四分の三ほどに到達すると、今度はスピリチュアルな使命を受け取ります。最初の二冊まではあなたは平凡なただの人でしたが次第に上級コースに向かっていくとスピリチュアルな探究者になるのです。あなたはどこかに向かわなければなりません。「私」はいつもそう考えています。やがて自由を探しているのは物語の中の登場人物だということに気づくまで、「私」は物語の中で自由を追い求めつづけるでしょう。

そして突然、「私は何者なのだろうか? 物語のない私とはいったい誰?」という疑問が浮かびます。物語は自然に止まりますが、マインドの中には答えがありません。というのも、それもさらなる物語だからです。次の章に移る合図なのです。ところで、あなたが物語の中から外に出ると、もはや言葉はありません。あなたはページの外側にいて、そこには気づきだけがあります。でも心配しないでください。物語は続きます。「私」がいなくてもずっと続いていきます。ずっと動きつづけるのです。

架空の「私」を手放すことで永遠の今という静けさの中に入ったとき、あなたには実在や悟りの世界または神が炎のように見えるでしょう。それは生に満ちあふれ、つねに動いてダンスをしています。その炎はいつもここにありますが、不変のものではありません。永遠に変わらない確かな炎などありません。もしもあったなら、それはすでに死んだものです。実在とは生きものであり、丸太から大きく燃え広がる炎のようにたえず動きつづけています。真理とは終わりのない動きです。この動きも、この真理の生き生きとした輝きも永遠のものであり、決して絶えることはありません。そこには時間はありません。はかなさとは永遠に止むことのない動きの中にこそあるものなのです。

動きやはかなさ、生の輝きや変化への抵抗がすべてなくなったとき、完全なる静けさという実在へと入っていくでしょう。抵抗が何もないとき、生き生きと生命に満ちた完全なる静けさがあります。それは終わりのない動きの中での完全なる静寂です。ところで、そこに何の抵抗も働らかなければ、それは動きのない静止した世界に見えるでしょう。あなたが時速一六〇キロで線路を駆けめぐる列車の中にいると想像してみてください。その列車には風の抵抗がないので、あなたは風の音を聞くことができません。車輪と線路の間や、列車を乗せるスプリングの間にもまったく摩擦がなく、ほんのかすかな抵抗さえ感じることはできません。その列車は非常に速いスピードで動いていますが列車の内部は完全に静かで、まったく動いていないかのように感じられるでしょう。存在の静けさとはそのようなものです。私たちが「永遠」と呼ぶものは終わりのない抵抗のない動きなのです。

あなたが理解してもしなくとも、そうした感覚をもつことはとても重要です。そうでなければ、あなたは精神世界のリトリートに参加しても肝心なことを見逃してしまうでしょう。あなたは静けさや美しさ、洞察や自由を体験するかもしれません。しかし、それをつかんで持ち帰ろうとしても自宅に戻って手を開いた瞬間、その静寂はすでに失われていることに気づくでしょう。それは炎であり、あなたにつかまれたとたんに消え失せるのです。その生気に満ちた動きが何の抵抗もなく体験されるとき、それは完全に静止しながら動いています。あなたは炎をつかむことができません。つかみ取ろうとする行為が炎のさらなる動きを生みますが、炎が自らを形の中に括ることはできないのです。炎は炎でしかありつづけられないのです。

あなたは炎が暗に意味するものに気づくことができるはずです。炎の先端に目を向けてみましょう。それはゆらゆらと舞いながら光を放って揺れ動いています。あなたの目に映るのは光源である炎であり、光そのものを見ることはできません。その光とは啓示や悟り、目覚めをもたらす「真理の炎」と同じものです。その下、つまり私たちの内部にあるハートの中心部もまた炎のように揺れ動いています。それは海のようです。海面ほど波立ちは大きくありませんが、海中もまた揺れ動いています。その中心部こそが啓示よりもさらに深い場所です。そこは啓示が啓示となる以前に体験される場所なのです。波立つように脈動している中心、つまりハートは自らと深くつながっています。その結びつきが大きすぎるために悟りには至りませんが、その絆のやさしさや美しい愛をただ楽しんでいる場所です。

さらに炎の中心の奥には炎の素となるものがあります。あなたは丸太から燃え広がる炎を見たことがあるでしょうか？　バックパッカーとして一晩焚き火をして過ごした経験がありますが、そのとき炎をじっと眺めていた私には、木と炎が接する部分を見分けることができませんでした。その炎と木の間には隙間があったのかもしれませんし、炎があまりにも無色透明だったために見えなかったのかもしれません。同じように私たちのハートの奥にも「空《くう》」という確かな土台があります。それは真理が生き生きとした実在として立ち現れる以前の場所です。そこではハートの絆さえも「存在する」という非常にシンプルな土壌へとおりていくでしょう。マイスター・エックハルトが「何の差異も見られない場所」と表現したように、そこはワンネスさえ意味をもたず、マインドのひらめきさえ静まりかえる場所です。そしてハートが深い静けさへとおりていき、存在というシンプルな土壌の上にただ安らぐ場所なのです。

ゆえに「真理の炎」とは、ダイナミックな表面の動きや穏やかな中心、非常にシンプルな土壌というさまざまな側面をもった炎全体のことなのです。

23章 忠実であること

FIDELITY

あなたが真の自己を知るという体験をしたなら、決してそれを軽く受け止めないでください。というのも真理への忠実さが揺らぎはじめるとすぐに、あなたは分離の中へと後戻りしてしまうだろうからです。あなたが自由をちょっと味見するだけでなく本当に自由になりたければ、真理に対して絶対的に忠実であることが必要です。そして、その誠実さと永遠の絆を保ちつづけなければなりません。人生や現在の体験に自由を望むならば、真理への忠誠を尽くし、その真理を生きることに専心しなければなりません。自由であるためには、私たちは人間としての側面においても真理に従うことに永遠に専心しなければならないのです。

私はよく、「いつになったらすべてが終わるのでしょう?」とたずねられます。そのような人々は自由になると一瞬一瞬を意識的に生きる必要がなくなり、自分自身の何かをさらす必要もなくなり、何の努力もしなくてよくなるはずだと思い込んでいます。もちろんその答えは「決して終わりはない」なのです。それは「決して力を抜くな」という意味ではありません。真理を認識しながらリラックスすることはできます。私たちは力を抜きながらハートを開き、いつでも反応できる状態で真に存在することができるのです。そのとき人間関係がどのように展開するかという啓示が深いところから訪れるでしょう。つまり自由を生きる状態へと私たちを導いてくれるのは、何かに注意を払うことではなく真理への識別力をもつことなのです。真理を認識できる状態のとき、私たちは決して揺らぐこともなければ揺らぐ必要もないのです。

真理への忠誠が崩れたとたんに、あなたは自分自身を真理という自由の外へとはじき飛ばすでしょう。能力や賞賛、人や場所やもの、表面的な愛、敬意や承認のような何かが真理よりもたいせつになるとき、あなたは分離感に苦しみはじめます。真理のための部屋は真理の中にしかありません。つまり真理を見て、真理を選び、真理を愛する部屋しかないのです。真理への熱い専心とは、真理を生きることを瞬間瞬間で選ぶことです。

選択が少なくなったり、自動的になることを待っているならば、あなたは選択の自由に対する責任をしっかり負っていません。それは心地よい物語と真理のどちらを選ぶかという自由です。真理への熱い忠誠とは、軽く受け取られるべきものではありません。禅の三代目の老師によると、一つの真理の誓いが破られるだけで天と地が限りなく遠ざけられると言っています。何かあなたの気をそらすようなことが起こって、一時的な夢の現象にすぎないと分かっていても、それが真実であるかのようにあなたがふるまうなら、そのとき天と地はかけ離れてしまうでしょう。しかし、あなたが「ああ、この怒りや倦怠は一時的な現象にすぎない」と気づき、あるがままに受け入れて真実を告げる選択をしたとき、天国の扉は、もう一度開かれるでしょう。

誓いを守るという目的のためだけに誓いを守るのでは不十分です。なぜなら、それはすべての中でもっとも神聖なハートを開いて愛するという誓いや、ハートの奥底からゆだねるという誓いを破ることだからです。真理という理屈や形にしがみついて無味乾燥な約束をすることをやめてください。それは居心地の良い椅子に寄りかかって、「私はあなたを本当に愛することはないけれども一緒にいましょうね。だってそう約束したのですもの」とパートナーに告げるようなものです。それは真の意味を失った法的な紙切れを持ち歩いているようなものなのです。ハートが失われ、愛が失われ、親密さや無防備さが失われています。それこそが真理との誓いを破る行為なのです。何かを機械的に繰り返すだけでは十分ではありません。あなたのハートと全存在がその裏になければなりません。この瞬間を感じ、今をより深く体験しようとしてください。たとえそれがあなたにとって悪いことや良いこと、ささいなことであったとしても。あなたのハートを開いて感覚や感情のすべてを、今ここに完全に存在させてください。ただいてください。条件付けられたマインドからの行動をやめて、あなたの無条件の真実から行為してください。

真理は愛です。真理は判断しません。それは両手に大きな剣を携えて、情け容赦なく真偽を識別します。しかし決して恨みや遺恨をもちません。真実を生きていなければ、あなたは苦しむでしょう。真理が情け容赦ないものだからこそ、私たちは学ぶことができるのです。真理はあなたを甘やかしません。真理を生きるか苦しみを生きるか、そのどちらかしかありません。いたってシンプルなのです。

あなたが真理に目覚めたとき、すべての状況や体験を通して自分がずっと愛されつづけてきたことに気づくでしょう。毎瞬毎瞬、愛の光が自分を貫いているのを見るのは驚くべき体験です。ほんの一瞬たりとも犠牲者は存在しません。どんなに苦痛に思われる体験でさえも、あなたに真理を見てもらうための猛々しい剣なのです。真理を理解することは難しいかもしれません。なぜなら、それは私たちから犠牲的精神という脈絡をすべて奪い去ってしまうからです。

真理はありとあらゆる形でダンスをします。愉快な形をとることもあれば、不愉快な体験のときもあるでしょう。しかし、すべての体験の背後には愛があります。存在のすべてのレベルで完全に存在することへの専心は、あなたとあなたに起こっていることの間の、つまりあなたとあなたの体験とのすき間を埋めるでしょう。「すき間を埋めなさい。ほんのちょっとでもすき間を埋めなさい」とクォン老師はよく言ったものでした。そのときすべてが開かれます。あなたとあなたがなりたいあなたとの間の、そして今の現実とあなたが求める理想の現実とのすき間を埋めましょう。その「判断」というすき間は、あなたが感じている分離感です。自分自身をあるがままに完全に受け入れ、あなたという全存在で真理にしっかり寄りかからなければなりません。

あなたは自分の意志ではすき間を埋めることができないと知ることがたいせつです。あなたがすき間を埋めようと努力すればするほど、すき間はどんどん広がっていくでしょう。けれども、あなたが「今」に、自分を自らすすんで明け渡そうとするとき、すき間はひとりでに埋められるでしょう。「私」と一瞬の真実とのすき間が埋まるとき、完全なる存在としてのあなたという大いなる自己として、真理が自らの姿を完全に現すでしょう。

私の言う「人生にもたれかかる、瞬間にもたれかかる、今あるものすべてにもたれかかる」とは、そういうことです。厭世的な考え方による超越的な分離に寄りかかるようにと言っているのではありません。あなたがそうしたければそれも可能でしょうが、私が今話しているのはそのことではありません。無防備かつ純真無垢なるものへ向かってください。あなたが誰かと話をしているとき、お互いが無防備になって向きあうことで魔法のような瞬間が訪れます。奇跡が起こるのはそういうときなのです。

すき間を埋める方法は実にたくさんあります。その方法の一つに、座って瞑想することがあげられますが、ただ座ることがたいせつです。肉体がマインドに反応して動くと、静寂が覆い隠されてしまうからです。一方、肉体がリラックスして静まると、マインドは肉体の後を追って静かになり、すき間が埋められるでしょう。そのとき、瞬間の静けさが輝きだします。動きを生じさせているものに意識を向けてください。それは肉体という形をまとったマインドの現れです。少し危ういところにいて、つねにちょっとだけ無防備でいてください。あなたが目覚めた状態でいられるよう、そしてハートの火を燃え立たせる爽やかなそよ風を感じていられるよう、どうか無防備でいてください。

本当の力とは、あなたの内側の深い場所から湧きあがってくる愛の力です。それはハートからあふれだす力であり、何かの不足を埋めようとするものではありません。その生命と愛に満ちた閃光を、あなたは存在するものすべてに感じ取ることができるでしょう。空気にも花にも葉っぱにもあなた自身の肉体の中にも感じるでしょう。あなたはそれに触れることはできません。それは生命のきらめきであり、生きることを超越しています。思いは滅び、肉体は滅び、信念は滅びますが生命は残りつづけます。生命や神、愛は実にさまざまな姿をして立ち現れます。それは叡智として現れ、明晰さとして現れ、あなたを動かし、あなたを現実に目覚めさせるために、そしてあなたがすべてを手放せるよう、あなたを燃やす炎として現れるでしょう。

サットサン(5―2)の場以外では、私はとても静かな人間です。目覚めはハートを通して、遊びを通して、そしてあなたが想像することのできるもっとも深い静けさを通して表現されます。それらに共通する要素は「満ちた空《くう》」です。私たちが本当にそれを手に入れたとき、そこには豊かさがあります。たとえ空っぽで静かで何も起こらないとしても、そこは満たされています。

あなたはダルマすなわち生命の真理や宇宙の法です。あなたが生命です。そして花も木も生命以外の何ものでもありません。それらの生命は表現の中にとらわれることはありません。生命はつねにさまざまな形をとって表現されます。だからこうして次々とやってくるのです。それは永遠に次から次へと咲きつづける花のように無からやってきます。生命は自らを花や人間として、また、ひらめきやひらめきの喪失として表現します。生命の表現には制限がありません。もしもこの世界が爆発してほんのわずかの生命の痕跡しか残らないとしても、それでもそこに生命はあります。そこにあなたもいるのです。私たちは頭で複雑に考えがちですが、たとえ地球が爆発したとしても生命は確かに残るのです。ラマナ・マハリシは死の床で「私が去ってしまうと人は言うけれど、私はどこにも去りようがない」と親しい弟子たちに語りました。花はやがて枯れますが幸いにも生命は変わることなくあるでしょう。表現は去り、ひらめきは去り、人格は変化し、信念は変化します。しかし、あなたは永遠にありつづけるのです。

アジャシャンティとのインタビュー

二〇〇四年のはじめに、私は一人の禅の指導者について人々が話しているのを耳にしました。その人物は並外れて輝く瞳と明晰さによって人々の霊的な覚醒についての混乱をただし、慈愛の心や日常のユーモアをもちあわせているという話でした。当然のことながら興味をもった私は自分で体験して確かめるために、その人物、すなわちアジャシャンティのもとに出かけました。そして四時間程度にわたって二回ほど、彼とのインタビューの機会に恵まれました（その四時間というのは、私の頭がぱかっと割れるのではと感じて我慢できなくなる直前まで、彼の目を見ていられる時間的な限度でした）。興味深いことにそれぞれのインタビューの後、私はアジャシャンティという存在から途方もない贈り物をもらったように感じました。彼の目覚めた意識という太陽の光が私の上にとめどもなく降り注がれ、閉じ込められたある種のエネルギーのパターンが解放されるのを感じたのです。そして今、感謝と温かい喜びをもって、私たちが交わした会話の一部をここに紹介したいと思います。

タミ・シモン（以下、タミ）　アジャ、あなたをこの話題で悩ませたくないのですが、あなたについて知りたいです。人間であり、男性であるアジャシャンティについて話してください。

アジャシャンティ（以下、アジャ）（笑）

タミ　あなたの考えについてではなく。

アジャ　ええ。

タミ　本書を読んだ後に私が抱いた疑問とは「この男は誰だろう？」というものでした。この男は別の星からおりてきたのだろうか？　本当に人間の両親がいるのだろうかと感じたのです。

アジャ　分かりました。

タミ　あなたの人生の物語を少し聞かせていただけますか？　あなたの家族はどんな家族でしたか？　彼らは信心深かったのですか？　子どもの頃のあなたはどんなことをしていましたか？

アジャ　そうですね。当時から多少は思っていましたが、もっと後になってはっきりとそう気づいたのですが、私が生まれ育った家庭は本当にすばらしい環境でした。私には善良な両親と二人の姉がいました。成長する過程でよく覚えていることは、自分が非常に幸せだったということです。以前、私の幼少期のことを父にたずねた人がいるのですが、「いつも笑っていたよ」というのが父の返事でした。そして私が自分について覚えているのもそのことです。もちろん他のみんなと同じように困難も体験しました。問題も起こしましたし、悪いこともしました。つらい時期もありました。しかし振り返るとおおむね幸せな体験をして成長したと思います。私はよく笑っていましたし、それが私の子ども時代のほとんどを言い表していると思います。

スピリチュアリティと宗教が奇妙にごちゃ混ぜになって論じられがちですが、私は特に信心深い家庭に育ったというわけではありません。ただ祖父の一人に非常に信仰に篤い人がいました。親族一同が集まったとき（おばやおじ、祖父母やいとこたちは、私の家から三〇分ほど離れた場所に住んでいたので、よくみんなで集まったものです）、スピリチュアリティと宗教についての話題がしばしば議論されていました。子どもだった私はそうした会話に加わりませんでしたが、興味をもって聞き入っていたことは確かです。たとえば私の好きな映画はチャールトン・ヘストン主演の「十戒」や「ベン・ハー」などの霊的な叙事詩の大作と呼ばれる宗教映画です。ですから、子どものときからスピリチュアリティや宗教にはひかれていたようですが、それは決して顕著に、というほどではありませんでした。また成長過程において、皆さんがよく神秘体験と呼ぶようなこともときおり体験しましたが、子どもだった私は、それらの体験を神秘とも特別とも思いませんし、変わったことさえ思っていませんでした。

タミ その神秘体験とはどんなものでしたか？

アジャ そうですね、たとえば白い光が夜、私のベッドのそばに訪れたことがありました。

タミ 白い光のボールのようなものですか？

アジャ ええ、白い光のボールのようなものです。ほとんどの子どもたちと同様、私はそれを変わった体験とは受け取らず、ただ「ああ、白い光のボールが今夜、僕に会いにきてくれた」と思いました。そして、それはいつも興味をそそるような楽しい体験でした。似たような神秘体験をいろいろしていますし、クローゼットや洋服ダンスをのぞき込んでいるうちに自分が木材と融合してタンスの引き出しになってしまったような感覚を体験したこともありました。それはとても愉快で面白い体験でしたが、決して異常なことだとは思えませんでした。それはただ私の体験の一部にすぎなかったのです。

中学生になった頃、私が今まで誰にも話したことがない「そうした日々のひとつ」と私が呼んでいる体験が始まりました。それは朝、目がさめたときにすべてがひとつだと感じるような類いの体験です。そういうときは必ず何か異質なもの、つまり非常に神秘的な古代からの永遠の存在が私の目を通して世界を眺めているように感じられました。私は、それが起こっているとき学校に行くのは注意しなければならないことを学びました。なぜなら、私の目を通して見ているものは物事を本当に真近からじっと見たがったからです。それで私は人々をあまり至近距離から見ないよう注意しなければなりませんでした。なぜなら、そこには何らかの、皆さんがパワーと呼ぶものが働いていたからです。私が誰かの目を長くのぞき込みすぎると、その人は衝撃を受けました。彼らは日常を超えた何かが起こっていることを知り、私から目をそらそうとしました。彼らの目には自分に理解できない何かが起こっていることへの怖れのようなものが浮かび、ただ途方に暮れていました。私は人々を戸惑わせたくなかったので、過度に見ることを避けようと努力しました。その状態はふつう一日から三日ほど続き、その間、私はすべての物や人との一体感や時間のない永遠の感覚という、まったく異質なるものの訪れを感じていました。そして、やがてそれは消えていきます。私は「そうした日々のひとつ」を一年に三、四回から五回くらい体験しました。

タミ　あなたは両親にそのことを話さなかったのですか？

アジャ　ええ、一度も。

タミ　先生や他の人にも？

アジャ　ええ、誰にも話したことはありません。実は最初にその訪れを受けたのは――それが一番強烈な体験だったのですが――小学生のときでした。私は休み時間に校庭にいて鉄棒で遊んだりするのが大好きで、楽しい時間を過ごしたものでした。ある日、私はアスファルトのような固い地面が始まるところでひと休みし、背後の芝生の上で遊びまわっている友人たちを眺めていました。そのとき突然、子どもの私が身体の外へと完全に押しのけられ、代わりに何か広大無限の形のない存在が私の目を通して外を見ていました。そのとき私の意識にどこからかやってきたこんな言葉が浮かびました。「われわれは、この子どもを押し出した」。私は自分が完全に押し出されて、その意識体の周辺部分にいることに気づきました。私はそれらの目を通して見ていました。今思うと、「永遠」という目を通して見ていたとしか表現できないような体験でした。それは太古の昔からの古い存在でありながら、同時に若くて無垢なる何かでした。その目を通して私が最初に知ったのは、校庭の先生も友人たちも誰一人としてこのような見方をしていないということだったのです。そして私自身もそうした見方を今まで一度も体験したことがなかったのでびっくりしました。怖くはありませんが驚いたのです。その体験はしばらくの間、たぶん一日くらいは続いたと思います。

タミ　あなたは五、六歳でしたか？

アジャ　三学年だったと思うので、八歳か九歳の頃かもしれません。

タミ　今のあなたは「そうした日々のひとつ」をどのように理解していますか？

アジャ　今ですか？　私はそれを「試食」のようなものと考えています。やがて訪れるであろう何かを、そして実際に訪れた何かを、そしてより永続的になるだろう何かを事前に体験したのだと思います。それらはちょっとした目覚めの味見のようなもので、目覚めの一つの側面を一瞥したような体験です。

タミ　アジャ、あなたは非常に稀な人間だということが分かりました。あなたは私が知る限りでは、精神世界において幸福な幼少時代を過ごした初めての人だと思います。

アジャ　私もそのことに気づいていましたし、驚きもしました。

タミ　私が知っている精神的・霊的世界に引き寄せられたほとんどの人は、「子どもの頃、誰も私を理解してくれなかった」といった類いのことを口にします。「私はここに属さない、私は順応できない」といった感覚があるのです。

アジャ　その通りです。私も自分が属さないことを知っていましたが、それによって苦しめられることはありませんでした。私は自分が他の子どもたちと違うことを知っていました。でも、それが私ですから。私はある意味、少々一匹狼的でしたが、学校の鉄棒で遊んだりしましたし、いつも少数の友人がいました。自分がちょっと違うと感じていましたが、それは自分が特別という意味ではなく、ただ最初から違っているという感覚でした。ある理由、また他の理由から、私はそれを困難と感じたことは一度もありませんでした。その理由の大半は、たぶん私の両親だと思います。小学校のとき両親は、私が難読症だということに気づきました。おそらく今日なら、私はＡＤＤ（注意欠陥障害）に近いものと診断されたのでしょう。

タミ　なぜ？

アジャ　私はなかなか集中できませんでしたし、エネルギーが有り余っていました。まわりからそうした診断を受けても、少なくとも私の体験の中ではそれを問題とか、異常とか、薬を飲み治療すべき必要のあるものとは受け取ることができませんでした。私はエネルギーいっぱいのただの子どもで難読症と呼ばれていました。数字や文字が逆向きに見えたので、一部の数学や読書の時間には教室を後にして特別クラスに加わりました。興味深いことに過去を振り返ったとき、私は疎外感や孤独感もなく、他の子どもたちより自分が劣っていると感じたこともありませんでした。信じがたいことに思われますが、私はそんなふうには受け取っていなかったのです。母はよく次の言葉をすばらしいマントラのように使ったものでした。「ええ、あなたは違うわ」「そうね、あなたは変わっているわ」。母はある意味、すばらしく風変わりな女性だったのです。彼女はすばらしいユーモアのセンスをもちあわせていましたし、私たちはいつも遊びまわっていました。両親はもちろん、誰もがユーモアいっぱいの家族でした。ですから母のマントラとは「あなたも私も変わっているけど、私たちは本当にすばらしいわ。人と違うことは本当にすばらしい。それはすてきなことなの。だからそのことを喜んでね」といった内容でした。当時、子どもだった私の中の何かがその言葉を受け入れました。私はそれを信じたのです。もちろん風変わりなことが、よりすぐれていることとは思いませんでした。それはただすばらしくて凄いことなのです。私は本当に恵まれていました。自分が人より劣っているとか、孤独を感じるような機会があったにもかかわらず、そんなふうには決して思わなかったのですから。すべては私という存在の一部だと理解していたのです。

タミ　精神性・霊性の探究に入っていった動機は？

アジャ　自分でも不思議ですが、ある日、悟りに関する本を読みました。それをどこでどのように手にしたのかさえ覚えていませんが、たぶん禅の本だったと思います。

タミ　そのとき何歳でしたか？

アジャ　おそらく十九歳の頃です。悟りについて読んだとき、私の中で何かが白熱電灯のように光り、「それは何だろう？」と私の興味を誘ったのでした。それがこの世界に興味をもったきっかけです。そして私の探究をさらに励ましてくれたのが非常に偉大なるおばの存在です。彼女はとてもサイキックな人物で、あらゆる不思議なことにかかわりをもつ人として家族に知られていました。今の私は、彼女がとても霊的に目覚めた人だったことが分かります。彼女が部屋に入ってきたときの光景を今でも覚えていますが、彼女の瞳は燃えているように見えました。おばが「体外離脱」と呼ばれることができると私が知った頃、すでに彼女は九〇歳を超えていました。彼女は肉体を離れてどこでも望む場所に行くことができましたが、それは人々を怖がらせました。というのも彼女には人々に起きていることが分かり、その人がいつ亡くなるとか、すでに亡くなっているかどうかが分かったからです。「彼らは逝きかけているのだから、ここそこに電話してみたら？」などと言ったものでした。それゆえに彼女は、ときには沈黙も必要だと学ばなければならなかったのです。

タミ　なるほど。

アジャ　おばのサイキックな能力は隠さなければならないほど並外れたものでしたが、ある日、彼女は私の母にだけ秘密を打ち明けたのです。ところで私は体外離脱を面白そうだと感じたのですが、それがちょうど私が悟りの体験に興味をもった時期と一致していました。そこで私は体外離脱の方法について書かれた一冊の小さな本を買いました。あなた方が体験している一連の段階を私も踏んだのです。その中の一つに、一〇分間瞑想して、その後で他のいろいろなことをするというやり方がありました。ところで、私の体外離脱は完全なる失敗に終わり、決して地上に戻ってこないロケットのような感じのものでした。しかし、私が瞑想するために一〇分間座った最初の瞬間に、何かが本当に私の興味をひきました。それが何だったのかは分かりませんが、瞑想の中で何か真髄のようなものに触れ、それに心から魅せられたのです。何か重要なことが瞑想には含まれているという感覚をもった私は、すぐに体外離脱のことを忘れ去りました。そして私は瞑想を始め、それに関する本を何冊か読みました。数週間後の朝、私は文字通り目覚め、それまで自分のものだと思っていた人生が自分のものではないことを知りました。ただ「この人生は私のものではない」と知り、それは悟りにまつわる意識に帰属するものだと知ったのです。人生がどのように展開されて私を導いたとしても、私にはもう何の選択肢さえないのです。自分が追い求めていたものにたどり着いたとたんに、それに乗っ取られてしまったように感じ、それを腹の底から「支配」と感じました。乗っ取られたまま残りの人生を過ごすしかありません。あなたもご存じかと思いますが、それはちょっと怖い体験であると同時にわくわくする体験でもありました。その朝のその瞬間こそが、私の人生が方向転換したときです。それは私の決断ではありませんし、苦しみから逃れようとしていたわけでもなかったのです。

タミ　十九歳のステファン・グレイという少年の胸の中には何の失望や絶望も存在しなかったのですか？

アジャ　ええ、たしかにあったかもしれません。自分の人生の物語を語るとき、それはつねに部分的なものになってしまいます。人生には悲惨な挫折体験や非常に困難なことが往々にしてつきものです。それに私は人生に困難がなかったというふりをするつもりもありません。そうした困難な時期が、私の悟りの探究に何の役割も担っていないと主張する気もありません。ただ言えるのは、私が最初から興味をもっていたのは悟りや究極のリアリティというものと真理との関係でした。それが私の原動力だったのです。ある朝、私は目をさまし「ここで起こっていることを突き止めることが私の人生の意味だ」と思ったのです。

タミ　あなたは大学へ行きましたか？

アジャ　しばらくの間は大学に行き、それからコミュニティカレッジに五、六年ほど通いました。

タミ　何を勉強していたのですか？

アジャ　たくさんのことを学びました。高校を卒業して大学に入ったとき、私はセラピストになりたいと思いました。その頃までにおそらく二百冊以上の心理学関係の本を読んでいたと思います。小学校まではなるべく本を避けようとしていたのでほとんど読みませんでしたが、悟りに興味をもつと同時に面白そうな本をむさぼるように読みはじめたのです。私は心理学者になりたいと思い、初めて心理学のクラスに行きましたが「違う」と感じました。講義を受けて心理学の内容を知りましたが、それは私が興味を感じるものではありませんでした。そこで私は社会学に目を向け、二、三度クラスに出ましたが、すぐにまた「これではない」と気づきました。その後、私は東洋宗教のクラスに出ました。それは私の求めるものに、より近いものでしたが、またしても違うことに気づきました。私は宗教学者や専門家になりたいわけではなかったのです。そうして短期大学をあれこれのぞいて数年を過ごしました。ある理由から自分が哲学に非常に向いていることが分かりましたが、それもすぐに「違う」と見極めました。どの教師たちも私が求めていた真実には至っていないということがただ分かったのです。そのように過ごしたので、私は本当の意味で大学には行ってはいません。大学に休暇のような毎日の楽しみを求めてもいましたが、同時に私の内側で進行していることを説明してくれるものを探していたのです。そして私はそれを見つけることができませんでした。コミュニティカレッジで二五〇単位を取得した後、私は行くのをやめました。二十四歳になった頃には大学に行かなくなり、バイクショップで働きながら悟りの探究に夢中になっていました。

タミ　そしてその探究はどうでしたか？

アジャ　ええ、二〇歳頃に先生を見つけました。

タミ　どのようにして出会ったのか教えていただけますか？

アジャ　ラム・ダスによる〝Journey to Awakening〟（『覚醒への旅』萩原茂久訳、平河出版社）という本を読んだとき、その女性の名前を見つけたのです。巻末にスピリチュアルセンターのリストが掲載されていましたが、二十五年前の当時は付録として五ページほどあれば国内のスピリチュアルセンターのほとんどが紹介できたのです。今ならかなりのページ数が必要でしょうが。禅に興味をもっていた私は、自分が住んでいる街から一〇分ほどのところにあるロスガトスに禅センターがあるのを見つけました。私はこんな近くに禅を教えている人がいることに驚きました。実は、私の師であるアルビス・ジャスティは、なぜ自分の名前がその本の巻末に載っていたのか見当もつきませんでした。なぜなら彼女は、決して宣伝などしなかったからです。でも、なぜか彼女がそこに紹介されていたのです。その住所を訪ねた私は、大きな禅の寺院のような建物を期待していたのですが、見つけたのは「裏口に回ってください」と書かれた貼り紙のある一軒家でした。私が黒いガラスの引き戸のところに立ち止まったとき、一人の年配の女性に「いらっしゃい」と声をかけられました。そのようにして私は先生に出会いました。彼女はひっそりと自宅で教えていたのです。

タミ　その人が自分の先生だと、どのようにして知ったのですか?

アジャ　私は決して先生というものに関心をもっていたわけではありませんでした。ただ実際に数学を学びたければ数学の先生を探し求めるのと同じように、悟りに興味をもった私は自分が求めているものを見つける手助けをしてくれる人を必要としていました。ですから、決して崇拝の対象を求めていたわけではありませんでしたし、誰かにそのような気持ちを抱くことはいまだかつて一度もありませんでした。ところで私はその女性に会ったとき少し失望しました。というのも二〇歳だった当時の私は、禅の法衣や寺院などを思い描いていたからです。でもその小柄な女性は、私が生まれ育った場所から一〇分ほどの場所でひっそり暮らしていたのです。その日、私たちは居間で瞑想をしました。表面的にはとりわけ印象的な出来事がないにもかかわらず、私はどんどん自分の内側へと入っていきました。そして時間が経つにつれて、その人が自分の師だと分かったのです。長期のリトリート(5―1)に参加するよう勧められ、他の場所にも何度か行ったこともあります。彼女は長期のリトリートはやっていなかったので、ソノマ山の禅センターに送られたこともありました。そのときクォン老子とのつながりが生まれ、毎年リトリートに参加するようになりました。それらの長いリトリートの中で一番記憶に刻まれている出来事とは、禅センターで真理に対する目が開かれたとき、それらすべての真理を私の近所にいるその小柄な女性の家でも受け取ることができると知ったことでした。それはとても衝撃的でした。なぜなら彼女はごく普通の人で、決して先生のようにふるまったり、偉そうなそぶりを見せなかったからです。私はリトリートへ行って戻ってくるたびに、彼女のところにすでにあったもので自分が見逃がしていたものに気がつきました。それがはっきり分かるようになったのです。大きなショックでした。その後はどこか他の場所へ行く必要を感じなくなりました。

タミ　その女性は悟りを開いていたとあなたは信じていますか？

アジャ　それについては彼女に直接たずねるしかありません。

タミ　彼女は健在ですか？

アジャ　ええ、実は毎週金曜日にこのオフィスにやってきますから、ばったり出会うかもしれませんよ。彼女は「サンガ」でラベル貼りの仕事をしています。

タミ　本当ですか？

アジャ　冗談ではないですよ。彼女はもう教えていません。私に教えるよう依頼してから二、三か月後には教えるのをやめました。もっとも彼女はやめるつもりでやめたわけではありません。ある意味、自然にそうなったのです。

タミ　彼女が覚醒しているかどうかについて、あなたはなぜ私が自分で質問しなければならないと言ったのですか？

アジャ　他の人が悟っているかどうかについて語るのが好きではないからです。それにおかしなことですが、当時その話題は私にとってあまり意味がなかったのです。

タミ　それは面白いですね。

アジャ　ええ、分かっています。思い返してみると自分でもおかしいのですが、もしも私が自分がいる場所を求めて先生を探しているとしたら、それは非常に意味のあることだったでしょう。まったくそう思わなかったわけではありませんが、私が単純に興味をもっていたのは「この人は、私を道の途中で手助けすることができるだろうか？」「彼女は道の先にいるだろうか？」ということだけでした。そして私が言えるのは、彼女は明らかに私を道の途中で手助けしてくれたということです。彼女が私よりもずっとずっとはるか先の道のりにいたことは確かなのです。

タミ　そして彼女は今はラベル貼りをしているのですか？

アジャ　そうです。彼女が教えるのをやめてから一年ほどたった頃、ゴルフボールほどの大きさの腫瘍が彼女の目の奥に見つかりました。そして腫瘍を取り除く手術の中で——それが非常に危険な手術だと誰もが知っていると思いますが——しばらくの間、肉体の左か右半身どちらかの機能を失ったのです。彼女の記憶と認識の機能に一時的に混乱がもたらされ、そこから回復して車を運転して動きまわることができるようになるまでにかなりの期間を要しました。そして彼女は、まだ記憶に関する問題を抱えています。とはいえ彼女の記憶力は私のものと大差ないので不平を言うほどではないと、私はいつも彼女と話していますが。彼女は八年間ずっと回復の過程にいます。彼女が教師という役割を手放す時期だと自ら悟ったときに、どのようにしてその役割を手放していったかを見せてもらうことは、私にとってたいせつな教えになっています。

彼女は私に謙虚さについて教えてくれました。たとえ小規模であっても三〇年間教師として過ごしてきた人が、今は事務所でテープ貼りの仕事をしています。それは彼女が今もダルマ（生命の真理や宇宙の法）に奉仕したいと願っているからです。彼女は本当の意味で役割にとらわれないということや、自分がどのようにまわりから見られるかにとらわれないということのすばらしい手本を示してくれたのです。彼女は役割に依存して生きることをせず、起こることすべてを本当の意味で受け入れています。今でも彼女は私の師であり、数えるほどのわずかな人にしかできないことを自らの行動で示して見せてくれています。自分の古い役割を手放し、たとえどんなことであっても求められる次のことをする人が彼女なのです。それこそ私が本当の意味で教わっていることなのです。

タミ　分かりました。では、アジャの二〇代はじめの頃に話を戻しましょう。あなたはバイクショップで働きながら瞑想をしていました。そしてリトリートにも参加していたのですね。

アジャ　私は裏庭に小さな禅のお堂を建て、一日二時間から四時間ほど瞑想をしていました。そして何百冊もの本を読み、日記をつけはじめ、いろいろ書きとめることをしていました。霊性の探究の中に、自分で理にかなっていると感じられるあらゆる角度からどっぷりとのめり込んでいたのです。その頃は今とまったく環境が違っていて、私には仲間がいませんでしたし、同じ世代でそのようなことに興味をもっている人にも出会いませんでしたので、誰にもそのことを話しませんでした。悟りの訓練をしているほとんどの人々は、私よりもずっと年配でしたので、私はいつも一人でした。

タミ　そしてあるとき、何らかのシフトが起こったのですね？

アジャ　私が二十五歳のときに最初のシフトが起こりました。私はとても意欲的に男性的なやり方で修業を行っていました。膨大な努力と固い決意で悟りの扉を力まかせにこじあけようとしていたのです。それが私のやり慣れた方法でした。私はアスリートとして、また競技用自転車のレーサーとして成長しました。他の人よりたくさん練習することで、必要なものや欲しいものを手に入れる方法を学んできたので、霊性の探究についても同じように取り組みました。そしてあなたもご存じのように、毎日何時間も瞑想するという禅が、その傾向をさらに助長したのです。禅は無意識のうちに私のその部分を励ましてくれたのです。アメリカの大学都市パロアルトで数か月ほど働いている間、私は「これは何だろう？　これは何だろう？　これは何だろう？　真実とはいったい何？」ということをたえず自問自答しながら歩きまわっていたのです。人間が維持できるとはとうてい思えないほどの長期にわたる内的集中のために、私はいつか気が変になるだろうと感じていました。いつの日か精神病院にいる自分を心のどこかで待ちわびながら、自分自身をある種の精神的な崖っぷちへと追いつめていたのです。

ある日、部屋で座っている私の中に悟りへの強い欲求が湧きあがりました。私は何が真実かを今すぐ突き止めなければならないと思いました。そこで裏庭に行き、座って瞑想を始めましたが、自分のマインドを静めて障害を突破するためには信じられないほどの努力が必要でした。それが何かさえ分かりませんでしたが、すぐに私は自分が過去五年間に積みあげてきた努力のすべてがその一分間に凝縮されたかのような瞬間を体験しました。そして突然、「自分には悟りはとうてい無理だ」と知ったのです。そして「私にはできない」と言ったとたんに、すべてが瞬時にリラックスできたのを感じました。すべてがリラックスしたとき――それ以外の言葉が見つからないのですが――内なる爆発が起こりました。誰かに私というプラグを壁のコンセントに差し込まれたような気分でした。それはとてつもなく大きな爆発でした。心臓の鼓動が強くなり息も絶え絶えになった私は、自分が死んでしまうのではないかと思いました。私の心臓は人生でかつて体験したことがないほど激しく高鳴っていました。アスリートとして私は、自分の心臓の鼓動の最高値がどれくらいかを知っていましたが、それをはるかに超える激しさのために、心臓が破裂してしまうのではないかと感じたほどです。このままだと自分は殺されてしまうという思いが湧きあがり、もうこれ以上耐えられないと感じました。さらに次の瞬間、本当の真実が見つけられるならば、今すぐ死んでもかまわないという気持ちになりました。それは勇気や男らしさから来る思いではなく、ただそう思ったのでした。そうです。私は死んでもかまわないと感じたのです。そう自分に語りかけたとたんに、その激しいまでのエネルギーが瞬時に消え去り、私は宇宙にいました。というよりも私が宇宙そのものだったのです。あたり一面に空《くう》という無限の空間が広がっていました。次々と洞察がおりてくるように感じましたが、それが瞬時に起こるので何のことか訳が分からなくなっていました。まるで一秒間に何百もの情報がどっとおりてきたかのような感覚でした。コンピューターにプログラムがダウンロードされるような感じに似ています。私の中に瞬時に次々とダウンロードされる洞察の意味の一つ一つを解読することはできませんでしたが、それらの洞察がはじけるのを感じました。そして私は空《くう》の広がりとして座っていました。どれくらいたった頃でしょうか？　私はクッションから立ちあがり、自分で少し手直しした仏像を見てお辞儀をしました。そしてお辞儀をしたとたんに大声で笑いだしていました。それはかつて体験したことがないほど陽気な笑いでした。私は仏像に向かって「まったくもう、僕は君のことを五年間も追いかけまわしていたのさ」と話しかけていました。その瞬間、自分が追い求めていたものが何かを知りました。私には分かったのです。信じられないことでしたが、私は自分がすでにそうであった存在になろうとして、ずっと偶像を追い求めてきたのです。私はおかしくて大笑いして外へ出ました。それが最初の目覚めでした。

奇妙な話ですが、私が外に出て偉大なる啓示の幸福感や恍惚感、とてつもない解放感に浸っている最中に――そのときから始まり、今ではすっかり聞きなれた――小さなささやき声が聞こえてきました。「これではない、もっと続けて」と。「まったくもう！　ここで楽しんではダメなのかい？　ほんの一瞬さえも？」と私は不機嫌になりました。しかし、その小さなささやき声は「まだ！　さらに続けて」と語りかけてきます。私にはそれが真実だと分かりましたし、その声が私の体験に価値がないと言っているわけではないことにも気づいていました。その声は「これには価値がない、これは真実ではない」とは言ってはいませんでした。その声は「さらに続きがある。あなたは、まだ全体を見てはいない。とてもたいせつな部分を見たけれども、ここで立ち止まらないでもっと進んでみなさい」と言っていたのです。

ところで、その体験をしたときからすべてが変わりました。そのときから私の探究者としての、自暴自棄になるくらい猛スピードで稼動していたエネルギーは消え去り、二度と戻ってくることはありませんでした。私が求めていたものとは、すでに私がもっていたものだったと知り、もうがむしゃらな努力をする必要がなくなったからです。

タミ　あなたはその体験を何と呼びますか？　以前、幼い頃に「試食」を体験しましたがその次の体験は？

アジャ　私はそれを「目覚め」と呼びます。

タミ　なるほど。

アジャ　しかし、私は自分が何に目覚めたのかを理解していませんでした。私が知ったのは、自分は自分が求めていたものだということです。それを知りました。私は自分が求めていた存在そのものであり、真実の存在であることを。すると次の質問が浮かんできました。「この私とは何だろう?」。つまり私は自分をこれだと知ってはいますが、これが何なのかは分からなかったのです。それが私の知らない部分でした。目覚めは起こりましたが完全なものではありませんでした。私の体験は一枚の大きな写真の一部のようなもので、すぐに「これは何?」という次の質問が生まれ、それが私にとって次の課題になったのです。

私はその後もずっと瞑想を継続しました。あの体験にもっと続きがあることを知った私は、私の探究方法である瞑想を使って、外見上は以前とまったく同じことをしていました。しかし、あのときから私が体験したことは、単に座布団代わりのクッションの上で起こった出来事ではありませんでした。つまり、その後の五、六年間に霊的に体験したことが、日常生活の中で実際に起きたのです。私はアスリートであり、アスリートとしての幾重にも巻かれた自己イメージをもっていました。ですから目覚めた後でさえ、自転車競技をしなくなる直前まで自分が競技者であるかのように訓練していたのです。そこで新たな疑問が湧いてきました。「なぜ、私はこれをしているのだろうか?」「私は、なぜ自分が世界クラスのアスリートであるかのような訓練しているのだろうか?」。私はそれが自己イメージの残像だと気づきました。鍛えぬかれた肉体と非常にすぐれた才能をもつアスリートという自己イメージは、私にとってすばらしい魅力だったです。

タミ　かっこいいですね。

アジャ　ええ、その通りです。日常生活の中で私は人々に対して見せつけるような行為はしませんが、アスリートとして身体レベルでは見せびらかしていたのです。自分が自己イメージにしがみついているにすぎないと気づいた後でさえも、ある理由から私はそれをやめることができませんでした。

そして二十六歳のとき、私は誰にも診断がつけられない奇病になり、六か月ほど床に伏せました。少ししか身体を動かせない状態だったので大半をベッドの上で過ごし、六か月の終わり頃にはアスリートとしての自己はほとんど消え失せていました。自分を子猫のようにひ弱に感じているときにすぐれたアスリートの人格を保つのは困難です。私の中からアスリートがいなくなったとき、私は最高の気分を味わい自由を感じました。

残念ながら物語はそこで終わりません。一年後、ふたたび健康を取り戻した私は、ある朝、目覚めると、いつのまにかトレーニングを始めていました。私は同じことを繰り返していたのです。トレーニングに夢中になるまで、私は自分がしていることに気づきもしませんでした。それから前と同じことをしていると気づいた私は、自分の自己イメージがかかわっていると知りましたが、まだ手放す準備ができませんでした。そしてふたたび六か月間さらに重病に陥《おちい》ってしまったのです。それは副鼻腔感染症と肺感染症、そして単核球症という病気でした。ふたたび病気が私の自己イメージの解消に大いに働きかけてくれました。そうしてアスリートの人格が取り除かれた後、その人格をもう一度再構築したいという欲求が戻ってくることはありませんでした。私にとって、それはスピリチュアルな展開でした。瞑想を通して自己イメージが取り除かれる代わりに、激しくドアを叩くやり方での学びの場を通してそれが取り除かれたのです。脈々と引き継がれた知性のようなものが、私たちが手放すために必要なことを何でも体験させてくれるのです。

またその当時、私は完全に愚かな関係とも言える不健全な恋愛に陥っていました。その恋愛は私の未解決の影の部分を引き出したのです。自分の弱さから恋に落ちるとき、私たちの最悪の部分が引き出されますが、私の場合は援助者的な役割や、その他のさまざまな役割が引き出され、みじめなものでした。幸運にもその関係はしばらくして終わりましたが、それは病気と同じように、私から自分が慣れ親しんだすべてのイメージや人格——善人、親切な人、援助者などというすべての役割——を剥ぎ取っていきました。私から奪われたものはすべて偽りや嘘だと見せつけられ、私がそれらを身にまとっていた唯一の理由とは、自分がそれらを身につけていないことを怖れているからだと気づかされたのです。それらがなくなってしまったときの自分とは、いったい誰なのでしょうか？

病気と恋愛関係の中で私はずたずたに引き裂かれました。そして私の虚偽の部分が少しずつ剥ぎ取られていきました。そのプロセスが完全になされたとき、私はとても自由だと感じました。それはすばらしい感覚でした。私は空《くう》へと帰り、人間としてシンプルに、ただ空《くう》でいる在り方に気づきました。自分が何者かでなければならないとか、誰かとして見られなければならないと思うことなく、ただ歩道の真ん中に立っているような感覚です。何らかの特定の見方をされたいという欲求が、私という全存在の中から奪い去られたのです。もちろん、それらを剥ぎ取られるプロセスは容易ではなく、決して面白いものでもありませんでしたが、最後には、ただすばらしい感覚だけが取り残されたのです。振り返ると、それが私に「最後の目覚め」をもたらしてくれました。非常に明確な目覚めが、それら一連の剥奪体験の直後にやってきたのです。それは私がアニーと結婚してまもなくの出来事でした。

私はちょうど結婚したての三十三歳で、本職にも就いていました。私は父の仕事の見習いとして職業上のキャリアも積みあげていました。また私は、そのときまで私の目的となっていた霊性や内的追求に人生を捧げるという生き方から抜け出そうとしていました。私は長い間ずっと人生のすべてを保留にしていました。そして三十三歳のときにそのプロセスに終わりがないことに気づき、自分の人生に向きあうべきだと感じたのです。私は結婚し、定職に就きました。その自分の人生に向きあおうとした決意を、私という個人の精神的な成長における非常にたいせつな要素としてとらえています。アニーと結婚して二か月後の「聖パトリックの日」に、私は二度目の目覚めが起こったのです。アニーは完璧なアイルランドの血筋でアイルランドの文化的遺産を受け継いでいたので、その日だということがとても興味深いのですが。

タミ　結婚によって二度目の目覚めに不可欠な安定性のようなものが築かれたという感覚はありますか?

アジャ　洞察力のある見方ですね。ええ、はじめは漠然と感じていたのですが、すべての中で欠けている要素があって、それが「安定性」だと思いました。そのときの私は仕事のキャリアがあり、生活費を稼ぐことができました。そしてすばらしい女性と結婚したのです。アニーとの出会いについては強烈なまでの啓示を感じましたが、彼女と結婚した当時、二人の関係は私が感じた以上に理想的なものだと知りました。それは私が思い描くことさえできない関係でした。自然にあるがままの関係であり、今もそうなのです。そしてその気づきが非常に重要な役割を果たしたのです。というのも、ある朝、目覚めた私は「この関係は私が思い描くことができないくらい最高のものだけれど、それでもまだ十分ではない」と自分に語りかけていたのです。私たちの関係は何かが必要な関係とは違って、何も変える必要のない関係でした。そのような夫婦関係に満足しているにもかかわらず、「これは私を完成させてはくれない。これは私が内へと入るよう引き寄せられた方向へと、さらに私を連れていってくれるものではない」と思ったのです。それに気づくことは衝撃でした。人生のあるべきプロセスにいて幸福な人生を送り、苦しみに煩《わずら》わされない状態にいても、それでもまだ十分ではないと気づいたのですから。人生の中で安定性を獲得して初めて、真の自発的な解放が起こることが許されたと感じたのです。人間的な感覚として、手放して入っていくべき何かがあったからこそなのです。

タミ　何が起こったのか説明していただけますか？

アジャ　それはとてもシンプルなことで、すでに始まる以前からは始まっていました。その前の晩、横になる直前にベッドの端に腰をおろしたときに私は思いました。それは大げさな思いではなく、大きな啓示でもありませんでした。それは私がそのときに考えていた文脈の中から自然に、もっともシンプルな形でやってきました。それは私のマインドを通過して「準備はできた」と言ったのです。私はすばやくその言葉を心に書きとめてベッドに入りました。その「準備はできた」という感覚はとても平易でシンプルなものでした。それは私のマインドやエゴが「よし、その門を突破する準備ができたぞ！」と力んで構えるのとは違っていました。それは贈り物のように無邪気でシンプルな瞬間でした。ただ事実として「準備ができた」という思いが浮かび、それに続く何の思いもありませんでした。それが起こっていることに気づいている以外には何の注意も払われなかったのです。そして私は眠りにつきました。

次の日、私は先生に会いに行くために早起きしました。普段、出かける前に少し瞑想をすることにしていました。何も考えずにただ座ったのですが、三〇秒もたたないうちに鳥の声を耳にしました。チュン、チュンというさえずりです。すると私がそれまで一度もしたことがなく、一度も修行の中でしたことのないある質問が、頭からというよりは腹の底から湧きあがってきました。その質問は自発的に浮かびあがりました。「これを聞いているのは誰だろう?」。その質問がやってきたとたんに、すべてがひっくり返りました。あるいは、もと通りに戻ったとも言えるでしょう。その瞬間、小鳥のさえずりも聞こえてくる音もすべてが一つになりました。さえずりも物音もまったく同じものとして体験されたのです。そしてそれは突然、瞬時に起こったのです。

そして次の瞬間、私が気づいたのは思考でした。その思考がどんなものかを知ることさえできないくらいそれは遠くにありました。しかし思考があり、続いてそれは私ではないという認識がありました。それはただの思考なのです。目をさまし、目覚めたこれはその思考とは何の関係もないのです。一方はただ浮かんだもので、それら二つは完全に分離していました。つまりその思考の中には、自己という認識が皆無だったのです。数分後、私は起きあがりました。私の頭には五歳の子どものようなアイデアが浮かびました。とても奇妙なことですが、私はこの自分という存在がストーブかもしれないと思いました。そこで私は小さな居間とキッチンへ小走りで向かいましたが、やはりこれはストーブでした。私は何か本当にスピリチュアルではないものを見つけだそうとして浴室に駆け込みましたが、なるほどこれはトイレットペーパーだと頷《うなず》きました。寝室のドアを開けて中をのぞくと、妻のアニーが寝ていました。私は部屋の中へ入りました。するとこれは彼女で、私と彼女は同じものだったのです。私は六年半ほど住んだ一四〇平方メートルの小さなコテージの中を歩きまわりました。私が見るものすべてはこれであり、すべては同じものでした。そこで私はコテージの中で立ち止まりましたが、面白いことに何の感情も湧いてはきませんでした。感嘆も驚きも完全なまでになかったのです。私の中に何の感情もなかったためにすべては完全にクリアに見え、どの体験の状態とも混同されることはありませんでした。私は数歩ほど歩いて居間へ向かいましたが、そのわずかな間に意識が完全に目覚めました。説明するのは難しいのですが、それは肉体とは完全に切り離されたものでした。そのとき、私は次々と一連のイメージを見ました。目覚めたこれは、私たちが輪廻転生と呼ぶかもしれない一連のイメージの罠に私がはまっていたことを瞬時に悟らせました。私はそれらが自分だと思っていたのです。私はそれらのイメージの中で眠っていましたが、これはそれらのイメージではないことは明らかでした。もう過去世というイメージの罠にはまることはなく、今世を含めたどんな過去によっても制限されることはないのです。今の肉体を借りた自分も五〇回前の生まれ変わりの自分も、同じくらい意味がありリアルなものだと分かったのです。そしてここに完全に目覚めたそのものがいるのです。姿も形も色もなく、何もないもの。どこにもいないがどこにでもいるもの。その瞬間に、この目覚めたものはすべてであるけれども、同時にまた、すべての存在を超えたものでもあると知りました。たとえ私が見た形のあるものすべてが消え去ったとしても、これはほんのひとかけらも失われることなく、消すことさえできないのです。それは大きな気づきでした。

それと同時に、私は自分が肉体からはみだすほど広がったように感じました。肉体がスピリットと出くわした感覚で、肉体の中にいるというよりは、肉体がその中にいるといった感じでした。しかもその最中に、この目覚めた意識もまた肉体の中に入ってきたのです。それは外にいながらにして、今では外と内の両方にいるのです。それは肉体の外だけでなく内をも占拠していましたが、今度は何の混乱もなく自己という認識をもたずにそれができたのです。まるであなたが朝、衣服を着るときのような感覚です。あなたは衣服を身にまといますが、それは単に身につけるものなので、あなたは自分のことを衣服だとは思いません。そしてこの姿も、この性格も、この「ステファン・グレイ」として知られている男も、ただの衣服にすぎないということは明らかだったです。この人生は彼の一番最近の生まれ変わりであり、彼が身にまとって機能させるものなのです。その姿の魅力とは喜びが伴うことです。衣服を着たときの喜びであり、生まれ変わることの喜びです。さらに人格を帯びることで親密な気持ちや子どものように無邪気な喜びが生まれます。まるでシンデレラのドレスを着た自分の姿を見ながら「まあ、なんてステキ！」と鏡に見入る少女のようです。さまざまに姿を変えることの不可思議さに、ただただ感嘆するような感覚なのです。

その後さらに新たな段階を体験しましたが、それは私の人生の一番はじめの段階とも似ていました。私は母のお腹の中から新たに生れ落ちる瞬間を体験したのです。まるで赤ん坊が生まれて初めて地面に足をつけたときのようです。私は自分の足もとを見ながら円を描くようにぐるぐる歩きまわりました。それは奇跡でした。自分の足を床につけながら歩くという感覚はまったくの奇跡だったのです。どの一歩も初めての一歩に感じられました。何もかもが新鮮で、すべてに親しみや不思議、興味を感じたのです。

そうした一連の体験は、瞬時に次々と起こったように感じられました。物理世界から抜け出してふたたび物理世界を占有し、さらに物理世界とひとつになった後に、自分が物理的な形ではないことを知ったのです。すべてがありのままですばらしいといった感覚でした。私は肉体の外にいる必要もありませんし、何かを超える必要もないのです。なぜなら、すべてはここにあるのですから。そのとき私は、この人生と肉体こそ奇跡だと知ったのです。どんなに混乱していても、愚かに見えたとしても、どんなにすばらしくても、惨めであっても、あるがままのそれが天国なのです。滑稽な話ですが、私は神の手の中にいながら神を探していたのです。

とてもシンプルなことですがその通りなのです。とてもとてもシンプルなのです。その体験から生まれたのが「普通であること」の楽しみでした。何も非凡なことが起こる必要がなくなったのです。超常体験を求める代わりに、ありふれた日常を楽しめるようになったのです。いわゆる真理やスピリチュアルな事柄について話すことも、フットボールや食料品店の話題を交わすことも、突然どちらも同じに思えたのです。そしてそれは今も続いています。私がよく話すことをみんなあまり信じてくれないのですが、私にとってはサットサン[5―2]も、たわいもないおしゃべりをすることも、まったく変わりはありません。平凡であることに完全に満足できるようになったのです。もちろん誰かが目覚めたり、人が何らかの変容を体験するのを見るのは楽しいことです。それは一種の「とっておき」のようなものですね。しかし私にとって何気ない日常の中に愛があり、それがもっとも美しいことの一つなのです。私の人生に非凡なことが起こる必要がまったくなくなったのです。ただ「いる」ことが奇跡だからです。

タミ　あなたはそれを「最後の目覚め」と呼んでいますが、もしもこれから来る将来においてさらに深い意識の次元が明かされる目覚めが来たとしたらどうでしょうか？　あなたはその可能性を感じますか？

アジャ　その質問をしてくれたことを嬉しく思います。私はある理由から、それを「最後の目覚め」と呼んでいます。私が「最後」と言ったとしても、必ずしもさらなる目覚めが起こらないという意味ではありません。もちろん、その可能性はあります。誰が答えを知っているでしょうか？　分かりませんよね。私たちは知りようがないのです。そして結局のところは無限です。私がその目覚めを「最後」と言うのは、私が自分という存在を完全に明確に知ったからです。完全に無色透明なままで何の感情も伴わずにそれを認識できたからなのです。そこには何のエネルギーも向けられていませんでしたし、意気揚々ともしていませんでした。ですから「最後」と言ったのは、はっきりとそれを見たという意味です。もう探し求めるものがなく、答えを求めるスピリチュアルな質問がないということです。人生という旅が私を導いてくれた辺境の地のようにそこを感じられたので最後と言ったのです。そして一度でもその境を超えてしまったなら、何もかも以前とは違ってきます。私が夢中になった旅は明らかにすっきりと完結しました。それは終わり、二度と帰ってこないのです。私の言う最後とはそういう意味です。だからといって他に見るべきものがないというわけではありません。いつだって見るべきものはあるでしょう。

タミ　あなたは二十五歳のときの目覚めで、自分が追い求めていたものが自分だったということに気づきましたよね。しかし、あなたは「これは何？」という質問はもっていたように聞いたのですが。

アジャ ええ、そうですね。

タミ では、最後の目覚めで何を見つけたのですか？

アジャ それは良い質問ですね（笑）。私は最善を尽くしますが、その質問に答えるのは不可能です。

タミ でも、あなたはもうその質問をしないんじゃなかったですか？

アジャ ええ、おかしな話ですが、その質問の答えは質問そのものがなくなってしまったということです。それが答えなのです。あなたがポケットにしまえるような適切な答えがあるわけではないのです。

タミ たとえば愛や叡智などとは言えないのですか？

アジャ いいえ、まったく。それは愛や叡智以前のものです。それは愛や叡智がやってくるところです。矛盾のようですが私たちが自分を知れば知るほど、自分が何者かを知れば知るほど、本当の自分とは本質的に決して知ることのできないものだと分かるのです。ですから、あなたも私も未知なるものであり、未知というのは分からないということなので、知ることはできないのです。何か困難があるからではなく、その本質的定義として未知なるものは永遠に知られることはありません。仏教においてはそれを「空《くう》」といい「虚無」「スンニャーター」とも呼ばれています。仏教の一部の伝統的な宗派では神という言葉を用いることさえ異端と見なされましたが、そうした指令は矛盾をはらんだこの体験から生じたのだと私は考えています。つまり、あなたは本当の自分を知りながらも自分が謎だと知っているのです。

私たちはそれを何とでも呼べるのです。無限の可能性のことを私たちは何と表現してもいいのですから。だから何も分からないのです。その可能性の一つが形となって現われて、初めて知ることができます。しかし、それ以前はただ純粋なる可能性だけがあるのです。それは純粋なる空《くう》または純粋なる知性、あるいはあなたの好きなように呼ぶことができます。私にとってそれはパラドックスなのです。私は自分が何者かを知るために来ましたが、今、私はその本質において決して知ることのできない自分というものを知りました。おかしな話ですが、終わりにたどり着いたとき、振出しに戻ったのです。私たちは自分が誰かを知らない、あるいは究極のリアリティを知らないところからスタートします。違いはと言えば、あなたは最後に自分が決して知ることのできないものだと知るのです。そして神秘なるものが意識となり、自らを目覚めさせるのです。それは自らを知っています。それは聖書の中の「我は在る」という神の意識です。しかし、そこにはあなたの注意をひく定義はありません。それはただ「我は在る」なのです。それがそれ以外に自らを言い表すことができないという神秘なのです。まさにそのままなのです。

タミ　あなたが二度目の目覚めについて禅の師に三か月後まで知らせなかったと聞いて奇妙に思えたのですが、それはなぜでしょうか？

アジャ　特に話すべき理由がなかったからです。完結したというような感覚だったのです。ある意味では非凡な体験ですが別な意味ではあたり前のことに感じられ、誰かのところに大あわてで行って報告するような必要性を感じなかったのです。私の体験を誰かに聞いて確認してもらう必要を感じませんでしたし、誰かに理解してもらう必要も感じませんでした。そうした心理的な欲求がまったく抜け落ちたのです。私が先生に話した唯一の理由とは、三か月たったときに「ああ、これが十五年間、彼女がずっと私に言いつづけていたことかもしれない。そして道を探している私に有り余るほどの愛情と慈しみを注いでくれた理由かもしれない」と思ったからです。そして彼女に私の体験を知らせるのは良いことかもしれないと感じたのです。だから彼女に話そうと思ったのです。ただし何かを必要とする思いがまったくなくなってしまったことは確かです。人に話す必要も頭を撫でてもらう必要も感じなくなりました。

タミ　人生の一時期、たくさん本を読んだと聞きましたが、本当に衝撃を受けた本はありましたか？

アジャ　ええ！　最初の本はあなたが想像している本とは違うと思いますよ。それに今ではもう興味を感じていません。でも当時はとても衝撃的でした。二十四歳のときに読みましたが、最初の目覚めの少し前だったと思います。それは「聖テレジア」の自叙伝でした。

タミ　面白いですね。

アジャ　たしかに！　私は仏教思想にどっぷり浸かっていましたが、どちらかというと非常に無神論的思想の持ち主なのです。それなのにキリスト教の神秘思想に強くひかれたのですから。そして私が最初に読んだのは彼女の自叙伝でした。書店でその本を開いて二ページ読み進める頃には、私の心臓は高鳴り、その本に夢中になっていました。私は会ったこともないその聖女に恋をしたのです。頭では理解できませんでしたが、それは非常に強力な出会いでした。彼女の自叙伝を無我夢中で読み終えた私は、彼女と彼女の人生についてさらに数冊の本を読んだと思います。その二年間に他にも膨大な数のキリスト教神秘主義の本を読みあさりましたが、扉を開いてくれたのはその本です。後に追憶の中で、私にとってキリスト教神秘主義の探究が何だったのかを私は知ることができました。それは私のハートを開くことを助けてくれたのです。感情的に、もっともっと深く自分を開くよう助けてくれるものを探していましたが、禅は少しドライすぎたのです。そして自然に私は必要なものに出会い、その本が助けてくれたのです。それは私のハートを本当に広く開いてくれました。ぴったりの時期に、ぴったりの本に出会ったのです。ですから私にとってそれはとても重要な本でした。

他に私に感銘を与えてくれた本は"I am that"(『アイ・アム・ザット 私は在る——ニサルガダッタ・マハラジとの対話』福間 巖訳、ナチュラルスピリット)でした。三十三歳で目覚める前に、それを少し読んだときにはあまり興味を感じませんでしたが、目覚めの後にその本は私の体験を表すもっとも明確な本になりました。まるで誰かが私の体験を言葉にしてくれたような感覚でした。その本の中にすべてが反映されていました。自分自身を鏡で見ているような感じです。ですから、それは私の探究という面ではなく、私を映し出す鏡としてとても印象深い本でした。

少し主題からそれますが、読書に関連する話をさせてください。私も多くの精神世界の指導者と同様に、マインドで目覚めを理解することができないことや、ある時点において私たちは本や知識を超えていかなければならないことを繰り返し話しています。しかし同時に、私が自分の体験を振り返ったとき、そして本の中には悟りを見つけることはできないと知っていても——というのも悟りとは知識を超えたものですから——私にとって読書は重要な役割を果たしてきました。それは諸刃の剣のようなものです。ときには概念や知識、思想の競りあいに陥りがちですが、読書はつねに私という人生の旅の重要な要素でもありました。私は本を、マインドからさまざまなものを洗い流すために利用しました。本はある特定のことに関して、私がクリアになる手助けをしてくれたのです。その意味において私はスピリチュアリティの知的側面――それはしばしば軽視されがちで、そしてもっともな理由のために――ときに過小評価されていると考えています。私たちは本の中に真実を見つけることはできませんが、ときに本は私たちの頭の中や心の中の点と点をつなぐ働きをしてくれます。本によって実にすばらしい形で私たちが開かれることがあります。ですから、私は知性とは――もしもそれが主導権を握らず単なる知識でもなければ――霊的な目覚めにおいて重要な役割を担うことができると考えています。ちょうど適切な時期に適切な本に出会ったとき、それはひらめきの導火線となるでしょう。それはまた、教師が担う重要な役割と同じものでもあります。私たちは部屋の中に座って話をしますよね。それは知的な行為ですが、実は私たちは聞き手の深い叡智を呼び覚まそうとしているのです。そして本も教師と同様です。ある表現を読んだときに、あなたの中の何かが刺激されます。あなたのマインドではなく啓示レベルでの何かが触発されて火花を散らすのです。啓示を得るとあなたの全身が反応を示すので、それが啓示だということが分かります。あなたの全身の運動神経や知覚レベルでの反応が促されるからです。その意味において、もしも書物が私たちの内側に脈打つものに生気を吹き込むことができるならば、言葉は非常に有用なものになります。私たちの中の自分が「ああ、私はそれを知っている。自分が知っていることを知らなかったけれど」と言うかもしれません。言葉は潜在意識下のものを顕在意識へと引きあげることができるのです。

タミ　読書を通して何からの伝達が起こりうると考えていますか？

アジャ　ええ、絶対に。私たちがすることはすべて伝達されますし、私たちという本質を伝えています。そして私たちが誰かと物理的な接触をもつ必要はありません。物事と自らがそれにかかわった人々の情報を伝達します。たとえば一冊の本は、その著者の意識や存在を伝達しています。感覚が鋭くなっているときにはとても興味深いことでしょうが、どんな本の中にも著者の存在を感じ取ることができます。精神世界の書物からも、実用的な新聞記事からも何かが伝わってくるのです。まずは著者の意識の在り方を感じ取ることから始めることができるでしょうし、もちろんそれは強力でスピリチュアルな体験になりうるのです。言葉も書物も何らかの情報を運んでいます。だから私は〝I am That〟のような本をとても強力だと思うのです。それは単なる言葉ではなく言葉を発する存在そのものです。それゆえ人々は読書に夢中になります。その本の中で語られている言葉はどれもすべて、以前どこかで使われたものです。ですから単なる言葉ではなく、言葉を語る人が重要だということは明らかなのです。

タミ　人々があなたと会っているときや、あなたの本を読んでいるときに伝達が起こっていると感じたら、そのときあなたは何が起きていると思いますか？

アジャ　そのとき出会いが起こっています。それが本当の伝達です。空《くう》が空《くう》と出会うのです。

タミ　それによって生徒は変容を余儀なくさせられますか？

アジャ　それが教えのもっとも核心となる部分なので、私はそう断言することにためらいを感じます。なぜなら、そう言ったとたんに人々は教師が彼らのためにそれをしてくれるかのように勘違いしてふるまいがちですから。それは真実ではありません。教師は火を灯すことはできますが、教師があなたのためにそのプロセスを完成させるわけではありません。伝達とは、差し出されたものに共鳴することができる人々にとってはもっとも強烈な体験です。共鳴が起こるとそこに可能性の火が灯されます。ひとたび可能性が目覚めれば、あなたは起こっていることに対して責任をとる必要が出てきます。ただ先生が来るのを待ったり、先生があなたのために伝達してくれるのを待ってはいられません。なぜなら、そのときあなたは依存関係に陥ってしまうからです。そしてあなたが精神的にも心理的にも依存関係に陥ると、伝達の効果は圧倒的に弱まります。まさに火に水を注ぐかのように効果てきめんです。私たちは自分自身の変容に責任をもつ必要があります。というのも、どんな教師も私たちのためにすべてをやってくれることなどとうてい不可能なのですから。私たちは自分でやらなければなりません。自分で探さなければならないのです。誰かと出会うことであなたの中の炎が自然に灯されるかもしれませんが、その炎を育てるのはあなた自身なのです。

訳者あとがき

「あとがき」を書くよう依頼されてから、最初に浮かんだことは「大変お待たせして申し訳ありませんでした」という皆さんへのお詫びの言葉です。このすばらしい本を私の一身上の都合で三年以上も世に出すことなく抱え込んでしまっていたからです。

三年前の東日本大震災の直後、福島に住んでいた私は突然、乳がんと診断されて手術を受けることになり、一度この本を手放すべきだと感じました。太陽出版の片田雅子さんがはるばる福島の二本松まで来てくれ、私の話を聞いて「迷惑をかけたくないという気持ちはよく分かりました。でも、もしも純子さんがこの本に少しでもひかれる気持ちがあるのなら、よかったらこの本を預かっていてください」と答えてくれました。私はというと、この目覚めの本は私にとって荷の重すぎる本だ（なぜなら、悟っていない私には想像することしかできない世界だし、英語力という点でも自信がもてなかったので）という気持ちと、この目覚めの本から自分なりに何らかの伝達を受け取りたいという思いがありました。結局、あらためて引き受けさせていただくこととなりましたが、ずるずるとこんなにも長い年月をかけてしまいました。

正直言って、いまだに私自身は悟りや目覚めの体験とはほど遠いところにいると感じています。ただこの本にかかわっていられたことで、病気に対する見方が変わり、病気を贈り物として受け取ることができました。そして物語《ストーリー》の世界から一歩退いて、物語を追い求めがちな自分を見る視点が新たに生まれたように感じています。私の拙い翻訳が世に出ることをいまだに怖れる気持ちはありますが、ここで勇気を振り絞って、この本を世に送り出したいと思います。

本書を通して私が体験したようなアジャシャンティとの衝撃的な出会いを少しでも多くの人が体験してくださることを願っています。そして今後増刷される機会などありましたら、ぜひ皆さんからいただいたフィードバックを本書に反映させていきたいと思っています。この目覚めのために書かれた本の本質に少しでも言葉で近づいていけることを意図して、今後の皆さんとの共同創造のプロセスを楽しみにしています。

最後になりましたが、実に長い間辛抱強く私を励ましながら出版を待ってくださった太陽出版の籠宮良治社長、編集部の片田雅子さんへ、その寛容な姿勢と慈愛の心に敬意と感謝を捧げます。根気のいる編集作業にじっくりと時間をかけて取り組んでくださり、良い本に仕上げてくださいました。本当にありがとうございます。

いま私の大好きな魂の故郷、アメリカ西海岸のシャスタにてこの本の「あとがき」を記しながら、私をここに導いてくれたすべての出会いに感謝を捧げたい気持ちでいっぱいです。いつもハートを開いて私の話に耳を傾けてくれる古くからの友人たち、反発してぶつかり合いながらも私の決断を最後は受け止めてくれる夫、日常生活の中で一番の鏡であり教師となってくれている思春期の子どもたち、私の独断的行動を心配しながらも応援してくれている父と母、難解な翻訳作業のさなかに私の質問をいつも歓迎して時間を割いてくださった猪苗代在住のキャサリンさんとアメリカから日本に帰国した兄へ、震災後にスタートした仙台でのライフワークとしての活動に共感し、支え、応援してくださっている古く懐かしい魂の家族の皆さん、そして私の人生の転換期にいつも無条件の愛でサポートし導いてくださっている恩師の皆さんへ、心からの感謝と敬意と愛を捧げます。

本書が読者の皆さんへの大いなる目覚めの贈り物となることを願いつつ。

二〇一四年八月

鈴木純子

著者紹介

アジャシャンティ *Adyashanti*

アジャシャンティは1962年にカリフォルニア州のクパティーノという小さな町に生まれた。15年近くの禅の修行の後、自らの本質について一連の霊的目覚めを体験。禅の師の求めにより「ダルマ」（生命の真理や宇宙の法）を教えることを始めた。少人数の集まりとしてスタートした活動は、数年の後に数百人規模のグループへと膨れあがり、彼を支える大勢のボランティアによって運営される非営利組織団体“Open Gate Sanga（オープン・ゲート・サンガ）”へと発展。現在、妻のアニーとともにサットサンやリトリートの講師として精力的に活動し、アメリカ国内だけでなくヨーロッパなど、世界へ活動の場を広げている。邦訳書に『あなたの世界の終わり』『大いなる恩寵に包まれて』『自由への道』（いずれもナチュラルスピリット）、未邦訳書に『The Impact of Awakening』『True Meditation』『My Secret is Silence』『Resurrecting Jesus』がある。

ウェブサイト　www.adyashanti.org

訳者紹介

鈴木純子 *Junko Suzuki*

福島在住のフリーランスライター＆翻訳家。東日本大震災後、福島と仙台を拠点にスピリチュアルなワークショップやイベント、パワースポット（シャスタ）への旅の案内などを仲間とともに企画。「豊かさの創造」「究極の癒しと目覚め」などをテーマに「ミラクルネットワーク」として活動している。主な訳書に『気づきの呼吸法』（春秋社）、『あなたにもあるヒーリング能力』『あなたを変えるポジティブ・ライフ』（ともにたま出版）、『ベティ・シャインのイメージワークブック』（ナチュラルスピリット）、『プレアデス覚醒への道』『プレアデス人類と惑星の物語』『人生を変える奇跡のコースの教え』（いずれも太陽出版）がある。

禅 空《くう》を生きる

2014年11月1日　第1刷

［著者］
アジャシャンティ

［訳者］
鈴木純子

［発行者］
籠宮良治

［発行所］
太陽出版
東京都文京区本郷4-1-14　〒113-0033
TEL 03-3814-0471　FAX 03-3814-2366
http://www.taiyoshuppan.net/
E-mail info@taiyoshuppan.net

装幀・DTP＝森脇知世
［印刷］株式会社　シナノ パブリッシング プレス
［製本］井上製本

ISBN978-4-88469-824-9